たかが英語！

ENGLISHNIZATION

HIROSHI MIKITANI

三木谷 浩史

講談社

はじめに

数年後には大半の会議を英語で行うようにしたい。この希望を、僕がはじめて社員の前で明らかにしたのは、２０１０年1月4日、年頭のスピーチにおいてだった。

三木谷がまた何か無茶なことを言いはじめた、と誰もが半信半疑の様子だった。どうせすぐ取り下げるにちがいない。そんなふうに思った社員もいたらしい。

それから1ヵ月後。創業以来続けている、毎週月曜日の朝（現在は海外社員を考慮して火曜日の朝）に楽天社員全員が参加する「朝会」では、さらに踏み込んで、社内公用語を英語にすると宣言した。それから徐々に、プレゼンテーション資料を英語にしたり、スピーチも時折英語にしたりした。4月からはこの朝会を完全に英語で実施するようになり、ようやく社員たちの目つきが変わった。さらに彼らを焦らせたのが、昇格要件に「ＴＯＥＩ

C」のスコアを組み込むという決定だった。2年以内に、役職ごとに設定されたスコアをクリアしなければ、いくら熟練の開発エンジニアでも、あるいはどんな有能な営業職の者でも、昇進できないどころか、降格する可能性すら出てきたのだ。これで彼らの尻に火がついた。僕が本気だと気がついたのだ。まもなく楽天の東京本社が置かれている品川周辺の英会話教室は、楽天社員でどこも満杯状態になったという。

メディアで楽天の英語化プロジェクトが報じられると、各方面から反応が伝えられるようになった。賛否両論あったが、厳しい意見の中には、ある大手自動車メーカー社長による次のような趣旨の発言を報じたものもあった。

「従業員がほとんど日本人で、しかも日本にある会社なのに、英語しか使わないなんて愚かしい」

楽天社員が他社の友人たちと飲むときは、英語化プロジェクトについて聞かれることが多かったようだ。転職して楽天に入ったある役員は、元同僚から「英語が大変だったら戻ってきてもいいぞ」と心配そうに言われたという。「馬鹿じゃないのか」と言われたエンジニアもいる。このエンジニアは、「馬鹿だからやるんだ」と答えたそうだ。

国内で一定の反響があるだろうとは予想していたが、意外だったのは、CNNやウォール・ストリート・ジャーナルをはじめ海外メディアにも、楽天の"Englishnization"が注目されたことだ。Englishnization（イングリッシュナイゼーション）とは、英語化を意味する僕の造語である。

国家レベルであれ、企業レベルであれ、これまで英語公用語論が出てくるたびに、くり返された議論が、今回もくり返された。いわく、日本人同士が英語で会話する意味があるのか、英語ができなければ通訳を雇えばいいではないか、英語の必要な一部の人間だけ英語を使えればじゅうぶん、なにも全社員が英語を使える必要はない、たとえある程度英語を使えるようになったとしても、英語を母語にする人たちとビジネスでまともに闘えるのか、英語に堪能な奴が仕事もできるとは限らないのではないか、むしろ英語ができる奴ほど仕事ができないのではないか、云々。

しかし、僕は、心ひそかに「たかが英語じゃないか」と考えていた。どうしてみんな、できない理由をあれこれ並べ立てるのだろう。とにかくやってみなければわからないじゃないか。

外野からの悲観的な声をよそに、僕たちは着々と社内の英語化を進めていった。食堂のメニューを英語に変えたことがテレビや雑誌でおもしろおかしく取り上げられていたが、もちろん英語化したのはそれだけではない。社内でやりとりされる書類、会議での使用言語を段階的に英語に切り替えていった。部署ごとにＴＯＥＩＣのスコアを競わせ、月に一度、朝会でベスト5とワースト5を発表した。点数が伸び悩む者に、外部講師を招いてのレッスンや、時にはアメリカ人社員や英語の得意な日本人社員による特別レッスンを施したり、フィリピンへ語学研修に行かせたりもした。

２０１１年の新入社員には、入社するまでにＴＯＥＩＣで６５０点を取るように指示した。この要求を配属時期までに達成できなかった約１７０人に関しては、英語公用語化が決まる前に採用された面も考慮して、配属前に社内で仕事として英語の勉強をしてもらった。中には半年ぐらいかかった者もいたが、最後は全員６５０点以上を取って配属完了した。

こうした施策が功を奏し、ＴＯＥＩＣのスコアは、２０１０年10月の集計開始時点で楽天全社員の平均が５２６・２点だったのが、２０１２年５月には６８７・３点となった。約1年半で、平均１６１・１点上がったのだ。なかには４００点以上伸びた者もいる。

また、いまや楽天内の会議の72％は英語で行われている。レベルにばらつきはあるものの、社員の約半分は業務を英語で行っている。さらに、35％の社員は海外の子会社やパートナー企業と英語でコミュニケーションをとっている。

日本の歴史上、ここまで大規模かつ急進的に、英語化を進めた企業はなかったのではないだろうか。楽天の英語化は、一種の社会実験と言えるかもしれない。2年間の移行期間を経て、正式に社内公用語を英語に切り替える7月を間近に控えた今、僕は、この社会実験における仮説と検証の中身を、多くの人に知ってもらいたいと考えた。

英語化に対する賛否両論はいろいろある。しかし、僕らは「論」はともかく、とにかくやってみた。思い通りにいかず、軌道修正したこともある。その意味で、「たかが英語」だが、一方、「されど英語」でもある。苦労したし、実際に試行錯誤を重ねることではじめてわかったことがたくさんある。そのすべてを本書でお伝えしよう。

なぜ楽天は社内公用語を英語に変えるのか。その理由をひと言で言えば、世界企業は英語を話すからだ。僕は、これからの日本企業は世界企業にならない限り生き残れないし、逆に、日本企業が世界企業への脱皮に成功すれば、日本はもう一度、繁栄できると考えている。日本の復活、繁栄のため、楽天の試みが役に立つと、僕は信じている。

２０１２年６月

三木谷　浩史

たかが英語!　目次

装幀　佐藤可士和

たかが英語！

第1章　社内公用語英語化を宣言

■2050年のGDP予測が意味するもの

2009年11月の週末、僕は、ある合宿に参加した。日本や世界の経済状況に関する情報交換が、合宿のテーマだった。

その中で、参加者の一人が衝撃的なレポートを紹介した。ゴールドマン・サックス・グループ経済調査部が作成した「More Than An Acronym（2007年3月）」だ（図1）。

2006年時点で、日本のGDP比率は世界の約12%を占めていた。ところが、このレポートは、2020年に8%、2035年に5%、2050年にはわずか3%に落ち込むと予測していた。

2006年から2050年の間に、世界における日本のGDP比率が4分の1になるというのだ。

図１：世界の中の日本

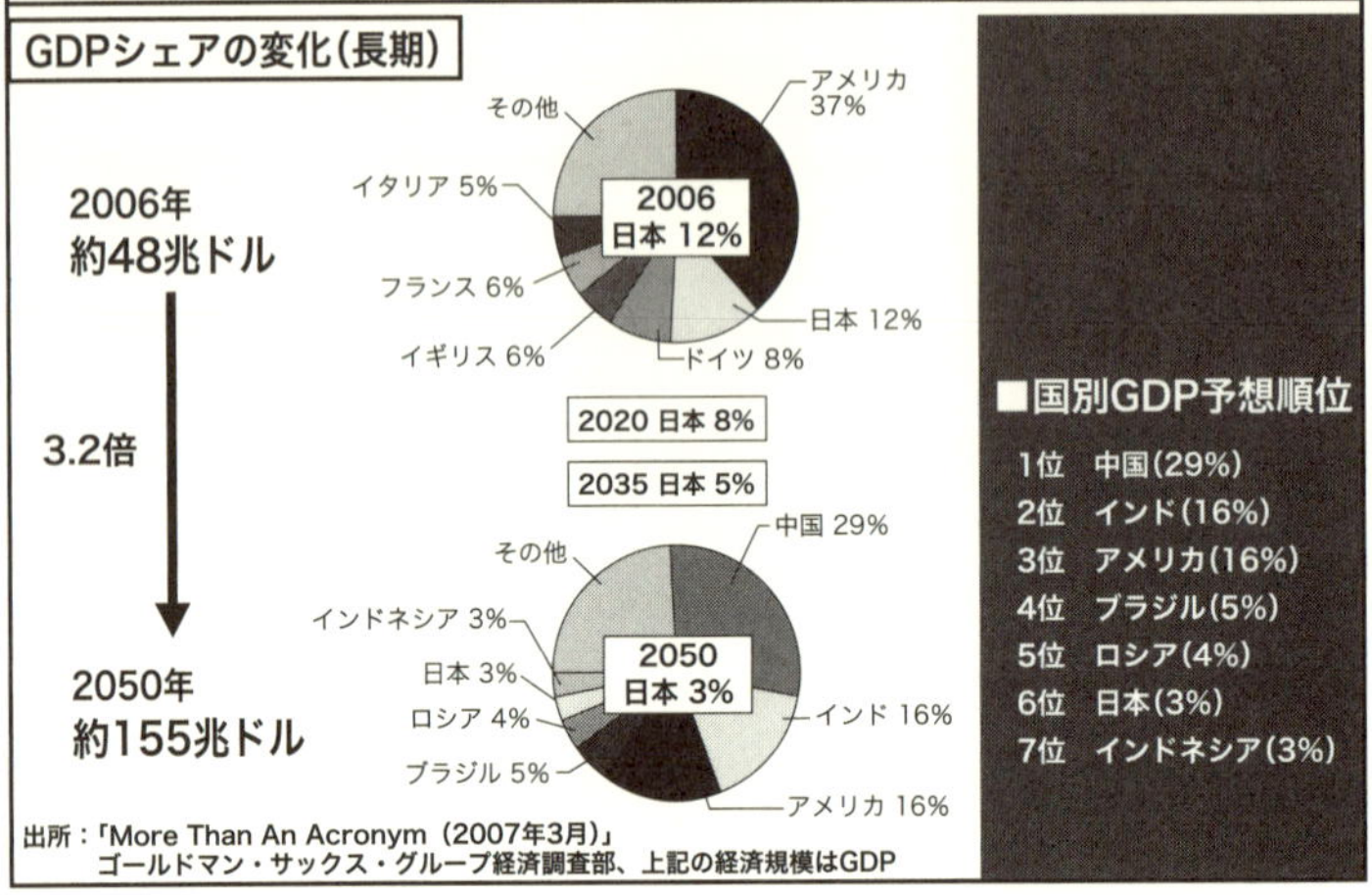

アメリカでさえ、２００６年のＧＤＰ比率37％が、２０５０年には16％に下がるという。

それに対して中国は２０５０年に29％となって世界第１位に、インドが16％で世界第２位になる。そして日本は現在の第３位から、ブラジル、ロシアに次いで第６位に後退する――。

僕は想像してみた。世界における日本のＧＤＰ比率が３％の日本は、いったいどうなっているのだろう。３％といえば、たとえば現在のインドネシアのＧＤＰ比率より低く、中国のそれの10〜15％に当たる。

ＧＤＰ比率３％の日本は、もしかしたら鎖国していた江戸時代の日本と同じ程度の存在感しか世界に示せないかもしれない。

日本のGDP比率が世界の3％に下がる以前に、日本のマーケット規模は、次第に縮小が進むことになる。「縮小したってかまわないじゃないか」と言う人もいるかもしれない。だが、僕はその考えには同意できない。「縮小」は節約とは根本的に異なるからだ。

しかし、残念ながら、今後、世界における日本の相対的な地位が低下していく傾向を食いとめることは、かなり難しそうだ。

僕がそう考える理由の一つは、人口減少だ。

国立社会保障・人口問題研究所の推計によれば、2010年に1億2806万人だった人口は、25％減少して、2050年に9515万人になるという（図2）。15歳から64歳までの労働人口に限ってみれば、2010年に8128万人だったものが、39％減少して、2050年には4930万人になってしまうという。

少子高齢化問題が、このような急激な人口の減少として顕在化するのだ。

2050年といえば、今から約40年後。そんな先の話は想像できないと思われるかもしれないが、2050年は、今20代前半の人が60代を迎える頃だ。彼らは今よりずっと衰退した日本で、老後をたっぷり過ごさなければならないことになる。

図２：日本の人口の推移

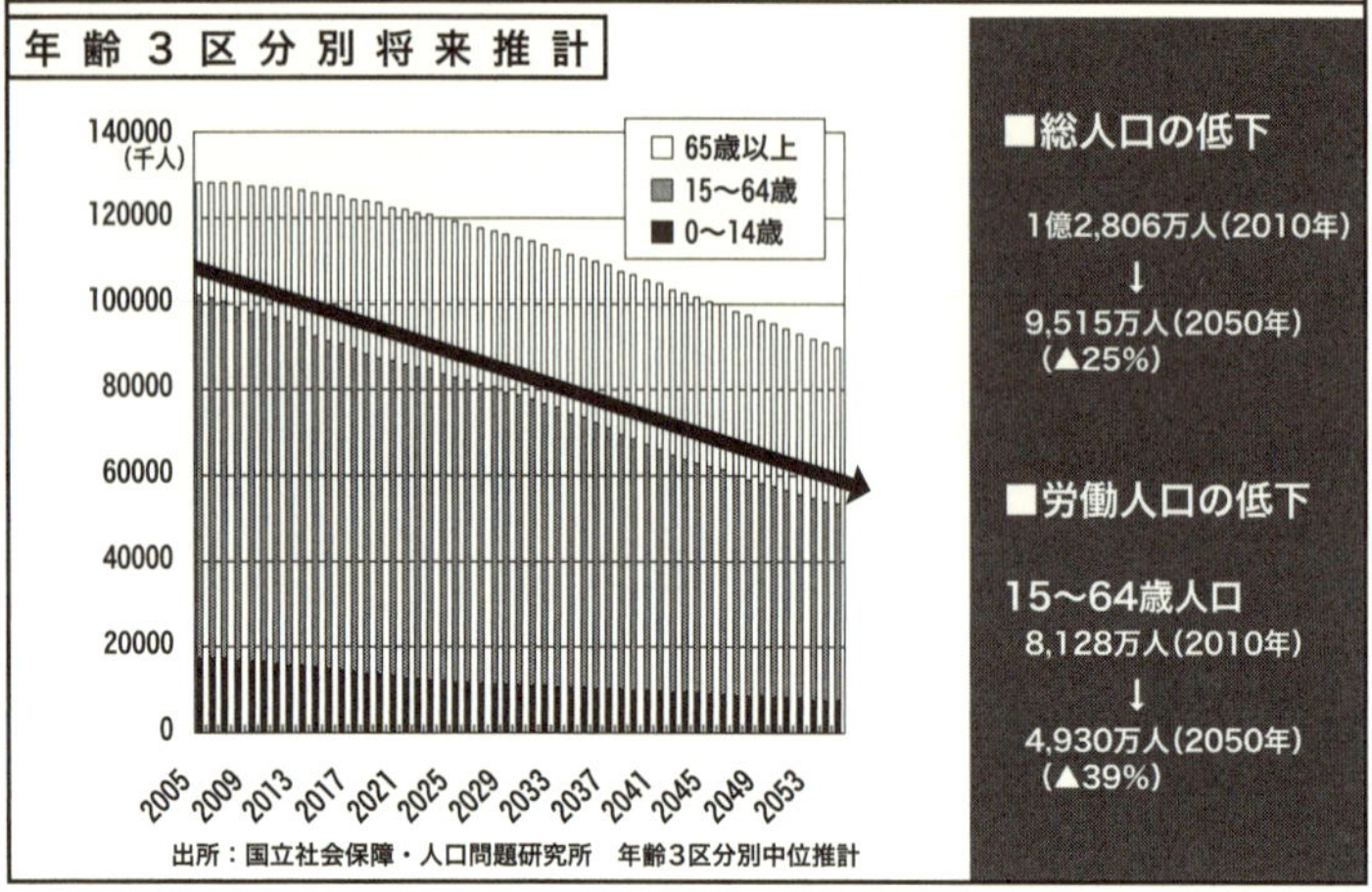

２０３５年は、今10代前半の人が30代半ばに達する頃に当たる。彼らが働き盛りの頃、日本のＧＤＰ比率は世界の５％に下降すると予測されているのだ。５％という数値は、日本のマーケット規模が世界の20分の１程度ということを意味する。

しかし、ここで視点を変えてみよう。世界のマーケット規模の20分の１ということは、逆に考えれば、世界には日本の20倍の市場が存在することになる。このことの意味をもっと真剣に考える必要がある。

韓国のサムスンが世界的に急成長を遂げた最も大きな要因の一つは、韓国内の市場自体が元々、小さかったことだ。彼らは世界に飛び出ていくほかなかったと言える。

楽天は、衰退していく日本の中で、それなりに強いプレーヤーとしての地位に甘んじるのか、それとも真のグローバル企業となるのか。それが、楽天に突きつけられた問いだった。

■グローバルな経営形態を模索

世界一のインターネットサービス企業になる。創業以来、この目標を掲げていた楽天にとって、もちろん答えは一つしかなかった。海外へ打って出て、真のグローバル企業になる。これ以外、僕らの進むべき道はない。

グローバル化の推進は、もはや選択肢の一つではなく、必ず実現させなければならない生命線だった。

僕はこれまで、日本を元気づけ、立て直すことを楽天の重要なミッションと考えてきた。そのために楽天は、世界進出を加速し、日本を立て直せるような体力を養っておかなければならない。ゴールドマン・サックス・グループ経済調査部のレポートを読み、僕は、楽天をグローバル化させる必要性を、あらためて認識した。

しかし、どうすればもっとグローバルな経営ができるのか、僕は悩んだ。

楽天は、２００５年に米国アフィリエイト広告会社大手 LinkShare Corporation を買収したり、２００８年に台湾、２００９年にはタイで、日本の楽天市場と同様のインターネット・ショッピングモールを展開したりするなど、海外でのビジネス展開をそれなりに進めていた。しかし、どうも効率が悪いような気がしていた。

そして、効率が悪い原因を考えるうちに、直面したのが言語の問題だった。

たとえば、海外の子会社や提携先のスタッフが、楽天市場のビジネスモデルを学びに来日したとする。その場合、日本の各部署の担当者と彼らが通訳を介してコミュニケーションを取るというのがそれまでのパターンだった。通訳が間に入るために、お互いの意思疎通がワンテンポずつ遅れてしまう。スピード感もないし、何より、一緒にビジネスを進めていくという一体感を持ちにくいように思われた。

今や会社運営の基盤は完全にＩＴ化している。楽天はインターネット企業だから当然だが、昔のように電話やＦＡＸを使うことはなく、ｅメールあるいは社内ＳＮＳ（ソーシャルネットワークサービス）で連絡を取り合っている。

僕のメッセージは国内のグループ各社のみならず海外の子会社にもインターネット回線

を通じて瞬時に伝わるが、海外の社員は、通訳・翻訳を通じて、そのメッセージを受け取っていた。

逆に、海外からのメッセージは、英語から日本語へ訳して、日本人に伝えられた。手間がかかって仕方がなかった。せっかく世界で瞬時にメッセージをやりとりできるインフラがあるのに、それをまったく有効活用できていなかったのだ。

また、将来の世界進出をにらみ、オリジナルなサービスを生みだしていくためには、日本だけでなく広く世界から、優れた才能を持った人材を雇い入れなければならない。その足かせになっていたのが、日本語だった。是非とも雇いたい逸材を、日本語がしゃべれないからといってあきらめなければならないのは、あまりに惜しい。

英語を話せる社員をもっと増やさなければならない。僕はそんな思いを次第に募らせていった。

それまで僕は、日本語だけでじゅうぶんビジネスをやっていけるし、むしろ英語は必要ないと考えていた。外国人の社員に対して、日本語のレッスンを受けるよう指示していたくらいだ。しかし、楽天の海外進出を実行に移す段階に至ってはじめて、グローバルな経営を実現するには英語によるコミュニケーション能力が不可欠であることを悟ったのだ。

2010年年頭のスピーチで、僕は2010年の楽天のテーマとして「真の世界企業への脱皮」を掲げた。それと同時に、「数年後には大半の会議を英語で行うようにしたい」と社員たちに伝えた。

英語で会議をすれば、海外のスタッフが疎外感を持たなくてすむだろうと考えたからだ。だが、会議を英語化するだけでは、中途半端な気もしていた。

2010年の正月、僕は窓外の雪を見ながら、漠然とした物足りなさを感じていた。創業以来、僕たちは一度も全力疾走したことがなかったのではないか。

楽天が持ち得るエネルギーを、まだ半分も出していないのではないか。

そろそろギアをトップに切り替え、フルスピードで疾走しなければならないのではないか。

■社内公用語英語化のアハ！モーメント

僕は2009年からTwitterをはじめた。最初は日本語だけでツイートしていたが、だんだん英語も使うようになった。楽天の海外スタッフがフォローしやすくするためだ。彼らは、僕の日本語ツイートを、翻訳ソフトで英語に翻訳して読んでいた。だが、体言止めを多用した短い文章は、翻訳ソフトでうまく訳せず、僕が何を伝えようとしているのかわかりにくかったらしい。それではかわいそうだと思い、英語でのツイートをはじめたのだ。

驚いたのは、英語でツイートした途端、フォロワーが一日1000人から1500人という規模で増えるようになったことだ。

僕は、情報の発信力・伝達力という面で、英語の有用性と日本語の限界を痛感した。楽天をグローバル化するため、社員にも英語を使いこなしてほしい。

しかし、いったいどうすればよいのか。そう思い悩んでいたとき、あることに気がついた。

それは、楽天のインド人と中国人の社員たちが、わずか3ヵ月で日本語をしゃべれるようになっていたことだ。どうして彼らはあんなに外国語の習得が早いのだろう？

あるインド人社員の一人が、来日して1年半が経った頃、「最近、私の日本語ちょっと下手になりましてて」と言っていた。文句の付けようのない発音の日本語で、だ。

しかし、よく考えてみれば、どんな日本人でも、英語圏で数ヵ月暮らせば、たいていある程度は英語をしゃべれるようになる。インド人や中国人が短期間に日本語をマスターできる最大の要因も、彼らが毎日、日本語の環境に置かれているからにちがいない。言語をマスターする上で何より重要なことは、その言語になるべく長く触れ、使う時間もじゅうぶんにあることなのだ。

あるとき僕にひらめきの瞬間、「アハ！・モーメント」が訪れた。

始終、英語に触れられるような環境を社内に作り出せばいいじゃないか。そうだ、社内の基本言語を、英語にしよう！

社内の書類も、会議も、会話も、日本語をやめて英語にする。社内公用語を日本語から英語に移行するのだ。

そうすれば、日本に暮らしながら、英語への接触時間を飛躍的に伸ばすことができる。それこそ英語習得のためのいちばんの近道のはずだ。

社員みんなが英語でコミュニケートできるようになれば、日本人と外国人が一丸となって事業を推進できる。外国人の優秀な人材を雇うことをためらわなくてすむ。世界展開も、これまで以上に加速させることができる。

２０１０年2月4日、朝会の前に開かれた執行役員会議で、僕は執行役員たちにこう告げた。

「来週から会議は英語で行う」

さらに、その後の朝会で、僕ははじめて、全社員に社内公用語英語化を宣言した。

「グローバルな開発体制、ビジネス展開を遮るものは『言葉の壁』にほかなりません。しっかりとした英語でなくてもかまいません。つたない英語でもかまいません。認識してほしいのは、今後の国際展開を見すえた際の重要なファクターが、英語でのコミュニケーションスキルだという点です。

サービスの国際化に向けて、楽天内部の国際化にも着手したいと思います。

その第一歩が社内のコミュニケーション言語を英語にすることです。この場の発表も英語にすべきだと思っているくらいですし、ドキュメントやプレゼンテーションでの意思疎通もすべて英語にしたいと思っています。

英語に不慣れな人には厳しい話かもしれません。しかし『世界企業』とはそういうものなのです。『世界企業』になるということは、世界の国々の人のマネジメントにあたるということです。世界各国の文化を土壌とした多種多彩なアイデアを、共通言語でディスカッションできる人材を擁していること。それこそ、『世界企業』の『世界企業』たるゆえんなのです。

早晩、昇格要件にTOEICスコアが導入されることになると思います。英語力はあくまでも昇進の一要素でしかありませんが、世界レベルのビジネスを遂行するためにもコミュニケーションレベルの英語力の習得に努めてください」

■仮説

ビジネスにおいて重要なことは、仮説を立て、実行し、検証した上で、仕組化することだ。このプロセスを愚直につづけていけば、必ずビジネスは成長する。僕はそう信じて、これまでやってきた。

社内公用語を英語にすれば、社員はみんな英語でコミュニケーションができるようになり、楽天の海外展開を加速させることができる。これは僕の直感だ。

しかし、この直感を仮説とした上で具体化し、実行できる形に整えなければ、後で検証することも仕組化することもできない。

社内公用語英語化について、僕は一つの仮説を立ててみた。

一般的な日本の社会人が英語を習得するのに、どれだけの時間が必要だろうか。

1000時間。それが、この答えに対する僕の仮説だ。

なぜ1000時間なのか？　参考にしたのは、やはり楽天のインド人、中国人社員が、コミュニケーションレベルの日本語を習得するのにかかった時間だ。彼らはだいたい約3ヵ月で日本語を習得していたのだった。

日本の会社で働き、日本で生活している彼らは、朝起きて、夜寝るまで、毎日10時間程度は、日本語に触れていると考えることができる。3ヵ月経つと、彼らの日本語漬け時間はだいたい1000時間となる。

1000時間、必死になって英語を身につける努力をつづければ、必ず誰だって英語を身につけることができるだろう。

それでは1000時間を捻出するには、一日どれだけ英語に触れる時間を持てばよいだろうか。

たとえば一日あたり、就業時間のほぼすべてと休日、8時間を英語に費やせば、1000時間はわずか125日でクリアできる。約4ヵ月だ。英語だけで仕事ができるような環境を作り出せれば、それがベストかもしれない。

しかし、社員の9割は英語ができない。全就業時間を一気に英語化してしまえば、これまでの業務に支障が出てしまう。やはり段階的に日本語から英語に切り替えていかざるを得ない。

現実的に、1000時間を捻出するのに、どれくらいの期間が必要だろうか。

おそらくどんな社会人でも、一日2時間、忙しいときでも1時間は英語に触れる時間を作り出すことくらいは可能なはずだ。そうすると、およそ2年で1000時間を超える。1年だと短すぎるが、3年だと長すぎる。今後の海外展開のスピードを考慮すれば、2年がちょうどよさそうだ。

こうして僕は、社内公用語を日本語から英語へ移行する期間を2年とした。2010年5月から約2年後、2012年4月から楽天は社内公用語を英語に正式に移行することに決めたのだ(なお、2011年3月11日に発生した東日本大震災の影響を鑑《かんが》み、当初の予定を3ヵ月遅らせ、英語化正式移行は2012年7月1日に変更した)。

■社員の反応

社員たちの反応は様々だった。驚いた者もいれば、英語化は当然と冷静に受け止める者もいた。

TOEICのスコアを昇格要件に含めることも考えていると告げたので、「英語のせいで昇進できないなら会社を去るしかないかもしれない」と思い詰めるエンジニアもいた。一方、英語力を鍛えるチャンスと前向きに捉える社員もいた。

また、総じて、若手の社員は好意的に捉えていたようだ。若手は大学を出てから間もなく、学校での英語学習の記憶が残っていたためでもあるだろう。ちなみに楽天社員の平均年齢は、31歳である。

むろん英語公用語化をいちばん歓迎したのは国内の外国人社員と海外子会社の社員たちだ。

その逆が、英語に苦手意識を持つ年配の社員たちだった。彼らにとって学生時代は遠い過去。英語学習から離れてあまりに長い時間が経っており、今更、新しい言語を覚えるのは、かなりの負担である。

後でわかったことだが、英語化の取り組みは、一部の社員に深刻なストレスをもたらしていた。そのため、いくつかの軌道修正を図ることになるのだが、それについては後であらためて触れることにする。

2年後の社内公用語英語化を宣言して1週目、執行役員会議での提出資料およびプレゼンテーションを英語に切り替えた。「隗《かい》より始めよ」を実践するためだ。

2週目も、同じ形式で執行役員会議を行ったが、3週目から執行役員会議に関してはプレゼンテーション以外の議論も含め、すべてを英語化した。

会議の中のプレゼンテーションは、前の晩にでも発言内容を丸暗記して臨めばいい。覚えるのが大変だとしても、なんとか乗り切ることができる。部下に英語の台本を用意させ、それを読み上げる役員もいた。

困るのは、質問されることだ。あらかじめ想定していた通りの問答ならいいが、予想外の質問が投げかけられることもある。臨機応変に英語で答えるには、それなりの表現力も必要になってくる。

英語の苦手な役員たちが自分の意見を述べているとき、つっかえたり、言いよどんだりすることが頻発した。その場に、気まずい空気が流れることもしばしばだった。役員の中には、

「ここは日本語でいいですか」

と部分的に日本語でしゃべろうとする者もいた。しかし、僕の答えはノー。英語で表現

できないから「日本語でいいか」と言われても、一切受け付けなかった。もちろん、日本の法定書類や国内顧客・サービス向け用語・文書など、英訳できないものやすべきでないものは日本語を使わざるを得ないが、それ以外は、すべて英語で通すようにした。

その代わり、僕は、発言者が口ごもっても、何か言葉を発するまでじっと待つか、「あなたが言いたいのはこういうことか」と助け船を出すようにした。

最初はできなくて当然だし、まずは英語での会議に慣れてもらうことが重要だったからだ。

4月にはじめて全面的に英語で行った取締役会議には4時間を要した。ふだんの2倍もかかった。といっても、楽天の場合、もともと会議は要所を押さえて短く済ませる習慣ができていたため、英語に切り替えても、それほど時間が延びたわけではない。

日本人同士が英語で話すことに違和感を持つ者も最初はいた。だが、慣れるのも早かった。

社員が全員参加する朝会についても、4月からすべて英語に切り替えた。

■グロービッシュが公用語

社内公用語を英語化するといっても、どのレベルの英語を目指すのか。それによって、勉強方法が変わってくる。だから僕は、社内公用語英語化を宣言したとき、「しっかりした英語でなくてもかまいません。つたない英語でかまいません」と社員たちに伝えた。この点を少し詳しく説明しておきたい。

楽天の日本人社員も含め、多くの日本人は、発音は完璧、文法も完璧な英語でなければ通じないと思っている。日本人の英語力がなかなか上達しない一因は、この思い込みにある。

しかし、ことグローバルビジネスに関して言えば、そこで普及しているのは、ネイティブレベルの英語とは異なる英語だ。

シンガポールやインドネシアをはじめアジアの国々のビジネスパーソンたちが話している英語は、ひどく訛っているし、文法的に必ずしも正しいわけでもない。それでも彼らは、グローバルにビジネスを展開している。発音や文法が完璧でなくても、じゅうぶん意思疎通できるのだ。

英語を母語としない人同士の英語を「グロービッシュ」（提唱者はジャン＝ポール・ネリエール）という。あるいは、「イングリッシュ・アズ・ア・リンガ・フランカ（ELF）」（世界共通語としての英語）と言ったり、「World Englishes」「世界諸英語」と言ったりもする。

楽天が社内公用語とするのは、厳密に言えば、いわゆる「英語」ではない。グロービッシュである。ネイティブが話すような英語ではなく、比喩やユーモアを避け、シンプルな英語で表現するプレイン・イングリッシュ（簡潔な英語）である。そのことをはっきりさせておきたい。

ビジネスで使われる英語には、日常用語ではほとんど使われない専門用語や特殊な言い回しが頻出する。

しかし逆に言えば、その専門用語と特殊な言い回しさえ覚えてしまえば、ビジネス上のコミュニケーションには困らないということだ。開発系にしても同じだ。ジャンルごとに頻出する言葉を覚えること。これが仕事で使える英語を身につける第一歩である。どんな話題が飛び出すかわからない日常会話のほうが、予測がつかないという意味では、ビジネスコミュニケーションより対応するのが難しいかもしれない。

しかし、簡潔な英語で、母語なら伝えられるはずの微妙なニュアンスを、母語以外の言語で伝えられるだろうか。そんな心配をする人もいるかもしれない。

たしかに外交交渉のような場面では、一字一句、細部まで厳密に表現しなければ、自国に不利益をもたらす場合もある。イエスともノーとも取れるような、玉虫色の結論にとどめたいこともある。母語以外で、そこまで表現するのは至難の業だ。

実際、世界の政治指導者のほとんどは英語に堪能だが、外交交渉の場では、必ずそれぞれの母語で話し、通訳を介して、意見を交換している。

といっても、ティータイムになると、みんなが英語でしゃべり合う。それが2011年5月、フランスで開催されたG8に参加したときに僕が目の当たりにした光景だった。

会話の中の微妙なニュアンスが重要な役割を果たすもう一つの例は、恋愛だ。恋愛の駆け引きには、非常に高度で複雑な言語能力が必要になるだろう（なお僕は、社員同士の業務外での私語や、これは当然だが、日本語を話す顧客など社外とのコミュニケーションや日本語で提出する必要のあるような法定書類などの英語化は求めていない）。

しかし、ビジネスは別だ。会話の中の微妙なニュアンスは、むしろ邪魔になると僕は考えている。

企業対企業のハイレベルな交渉においては、外交交渉と同じように、曖昧さを残した交渉もあり得るため、高度な英語力を有するしかるべき人間があたることになるが、一つの企業の中で、曖昧さを残すようなコミュニケーションは必要がない。むしろ、あってはならない。

何らかの基準を設定し、基準を満たせばやる、満たさなければやらない。これを徹底的に突き詰めていくのがビジネスだ。時には失敗することもあるだろう。しかし、そのときはまたやり直せばよい。ともかく徹底的に論点を突き詰めて判断を下すことが重要だ。それが、これまで楽天が心がけてきたビジネスの進め方でもある。

もしかしたら英語のほうが、白黒つけやすいという点で、ビジネスに向いているのかもしれない。「『はい』か『いいえ』かはっきりしろ」と日本語で言う場面は想像しにくい。ほとんどの場合、日本でも、「イエスかノーかはっきりしろ」と言うのが普通だ。日本にはもともと白黒をはっきりさせるという発想自体がないのかもしれない。

ビジネスはシンプルだ。モノを作る、コンテンツを作る、サービスを提供する、それに対して、お金を払っていただく。これがビジネスの基本である。

もちろん日本語でビジネスができないということではない。しかし、僕は、英語によるコミュニケーションが、ビジネスをシンプルにするために有効な手段になりうると考えている。

■なぜ全員で英語を習得する必要があるのか

グローバルな経営を実現するためとはいえ、なぜ社員全員で英語を習得する必要があるのだろうか。

経営に携わる役員と、英語を必要とする部署の社員だけでいいのではないか。たとえば、英語に堪能な社員を集めて「グローバル化推進チーム」を作り、彼らが国内と国外を橋渡しすればよいのではないか。

しかし、僕は、役員と一部の社員だけが英語を習得すればいいとは考えなかった。社員全員で英語を習得するというアプローチを追求したかった。

楽天には情報共有文化があり、創業のときから週に1回社員全員が参加する朝会を実施している。僕はこれまでこの朝会で、ベンチャーから大手企業まで海外などのトップマネジメントと交流する中で得られた知見などを伝えたり、細かい業績情報や戦略などを共有したりしてきた。朝会では、各事業部の担当者からも直近の業績や活動状況、成功事例等が共有される。全社員に経営へのオーナーシップ（参画意識）を持ってもらい真の仲間をつくっていくというスタイルだ。

これまで楽天は、こうした朝会を通じ、ある部門で成功した手法を別の分野にも応用したり、あるいは失敗事例を社員全員で共有することにより、楽天全体の競争力をあげてきた。人事においても、有用なノウハウを持った社員を、楽天グループ各社の中で次々と異動させてきた。楽天市場から楽天トラベルへ、楽天トラベルから楽天カードへ、という具合だ。僕らはこれを、「ヨコテン（横展開）」と呼んでいる。

僕や一部の幹部から降りてくる情報だけでは不十分で、上から降りてくる「縦軸」と、同じレイヤー同士で共有する「横軸」、さらに「斜め」同士での情報共有も必要だ。

今後は、国境を越えて、このヨコテンをしていかなくてはならない。日本から台湾へ、台湾からタイへ、タイからインドネシア、アメリカ、フランス、ドイツ……そして再び日本へ、という具合にヨコテンを活発化させていくつもりだ。そうすることで、僕らが提供できるサービスのレベルを1段階も2段階も上げることができるはずだ。

それが、役職も部署も関係なく、社員全員で英語習得に取り組む目的だ。

もう少し具体的に考えてみよう。たしかに、部署ごとに英語の必要性には濃淡がある。たとえば開発系の部署の社員は、以前から英語の必要性を感じる機会が多かっただろう。技術系の情報のほとんどが英語で書かれているため、ある程度英語ができないと最先端技術の情報をキャッチアップできなかったからだ。

しかも開発系の場合、自分のチームに外国人が入っていることも多く、英語をしゃべる機会も他の部門の社員に比べてもともと多かったはずである。だから彼らには、英語を公用語として使う必然性があった。

しかし、顧客がもっぱら日本人で、業務上、日本語しか使わない部署もある。そうした部署の社員まで、英語を使いこなす必要はあるだろうか。事実、社内には「ほとんど日本語しか使わないのに、なぜ英語を使わなければならないのか。ふだんの業務が忙しくて、勉強時間もない」という意見もあった。

今のところ業務で英語をほとんど使う必要のない部署の典型例は、営業系だろう。しかし、今、国内の営業活動が中心の人でも、将来、その人は、アメリカ、インドネシア、イギリスなどの営業課長になるかもしれない。その可能性を考えれば、今、英語を学んでおく必要性を予想できるはずだ。

それだけではない。楽天市場に出店する店舗の経営者の中には、海外へ販路を広げたいと考えている人も多い。「どうすればアメリカ、ヨーロッパ、アジアで売れるのか教えてくれ」あるいは「どうすれば海外からモノを輸入できるか教えてくれ」といった要望に、楽天としてどう応えていくか。楽天は「楽天大学」を通じて、出店者にオンラインショッピングのさまざまなノウハウを提供しているが、出店者の中には「楽天大学で英語を教えてくれ」という声もある。

楽天市場には、すでに海外での月間売上が200万円を超える出店者もいる。月に1000万円以上売り上げる出店者が登場する日も、そう遠くないはずだ。

楽天は、日本のどこにいても、日本中で商品を販売したり、購入したりできるシステムを作ったが、このシステムを世界に広げていくために何ができるかをこれからは考えていかなくてはならない。

要するに、一企業である楽天が国際化するだけでは話は終わらないということだ。楽天が提供するサービスがこれからはクロスボーダー化することで、楽天とともに、そこに参画する店舗もグローバル化していく。そういう未来像を描いたとき、今、国内中心の業務だから、日本語だけでじゅうぶんと考えるのは浅はかではないだろうか。

楽天の営業の中心は、楽天市場への出店者にオンラインで商品を売るための様々なノウハウをアドバイスするEC（eコマース）コンサルタントだ。世界の最新のトレンドを肌感覚として吸収し、顧客に説明していくことは、ECコンサルタントの最も重要な仕事の一部である。したがって、世界中の情報にいち早くアクセスし、自分のものとするためにも、英語は必要なのだ。

日本ローカルの情報、経験だけではなく、英語を使って世界的な大局観を持つこと。それによってこれまでとまったく異なるレベルのビジネスが展開できるはずだ。

あるいは今は営業系でも将来、企画系、戦略系、もしかしたら開発系の部署に異動するかもしれない。すでに英語でのコミュニケーションの比率の高い、こうした部署に自分が転任したとき、即応するためには、やはり今のうちに英語を身につけておく必要がある。

開発系も、営業系も、今どこの部署にその人が属していようと、そんなことは関係ない。国境を越えたヨコテンを実現するには、社員全員が英語を身につけ、世界中の人とコミュニケートして、自分の経験、ノウハウを共有できなければならない。

そのための手段、それが社内公用語の英語化なのだ。

■英語化プロジェクトチーム結成

２０１０年5月1日、僕は、社内公用語英語化を推進するためのプロジェクトチームを作った。名付けて、Englishnization Project。Englishnizationは、「英語化」を意味する僕の造語だ。

中心メンバーは、楽天の国際戦略室にいたカイル・イー、人事部の葛城崇、採用育成部の藤本直樹だ。各部署にも英語化推進リーダーを置き、チームは総勢80名ほどとなった。

カイルは２００1年に楽天に入社したが、その前は、日本の大手英語学校で10年間、英語教師の指導やテキストの作成に携わっていた。以前から、個人的に有志の社員を集め、英語教室を開講していたから、英語化推進プロジェクトチームを率いるのにまさにうってつけの人物だった。葛城と藤本は、帰国子女でもなく、海外留学経験もなかったが、英語が比較的堪能だった。日本にいながら英語を身につけた彼らには苦労もあっただろうし、それによって得られたノウハウもあったはずだ。それを、このプロジェクトに活かしてほしいと思った。

社内広報チームにも重要な役割を果たしてもらっている。社内イントラネットで公開している社内報に英語化に関する記事を大幅に増やしてもらった。社員にインタビューしてもらい、成功事例や苦労話、英語を使う魅力を語ってもらったり、海外子会社の声や他国・他社の事例、社内アンケートなどを紹介してもらったりした。社員に対して英語公用語化に向けた取り組みを深く理解してもらうとともに、英語学習に対するモチベーションを維持・向上してもらいたいと思った。

また、楽天では社内でTOEIC IPテスト（団体受験）を月に複数回実施しており、社員は無料で受験できるようにしている。その運営は楽天グループの「楽天ソシオビジネス株式会社」（特別子会社）が支えてくれている。同社は、さまざまな障がいを持った方でも能力を発揮できるような就労環境を整備し、雇用機会を創出するために設立した会社だ（社内公用語英語化は適用外としている）。

先に述べたように、僕は、社内公用語英語化に必要な時間は1000時間であるという仮説を立てた。といっても、本当にそんなことが可能だろうか。

日本人はこれまでさんざん英語を勉強してきた。学校での授業時間と予習・復習の時間を考慮すれば、一日平均1時間、英語の勉強に費やしたと考えてもあながちまちがいではないだろう。すると1年間で約350時間。したがって中学、高校、大学の10年間で3500時間ということになる。

これだけ時間を費やせば、本来なら誰でも英語をしゃべれるようになっているはずだが、そうはなっていない。僕は、日本の英語教育はほとんど犯罪的と言っていいくらいひどいと思っているが、この点については、後でまた触れるつもりだ。

ともかく英語の勉強にこんなに長時間費やしているにもかかわらず、多くの日本人は、英語が身についていない。そのせいか「英語が苦手なのは仕方がない」という意識が、多くの人の心に深く根付いている。

だが、僕はそれは思い込みにすぎないと考えている。もっと効率的に、英語を習得する方法があるはずだ。

僕は、楽天の英語化を通して、その方法を探り、仕組化したいと考えた。

僕は予感した。

これは、かつて日本で行われたことのない実験になる。

7000人以上の日本人が、2年間で英語をマスターするなんてことが、本当に実現できるだろうか。

僕は狂っているのかもしれない。しかし、この実験を成功させることでしか、楽天も、そして日本も生き残れないと思った。

さあ、実験開始だ。

第2章　楽天英語化プロジェクト・スタート

■国際事業戦略説明会

「この説明会を日本語で開催するかどうか悩みました。しかし楽天は今、Englishnizationを進めています。だからこの会も英語で行うことにします」

２０１０年6月30日に東京で開催した「楽天国際事業戦略説明会」（写真1）。社内公用語英語化計画はすでにテレビ・新聞等の報道によって、ある程度、世間に知られていた。しかし楽天として英語化計画を外部に発表したのは、この説明会がはじめてだった。

僕らは、決して英語化計画を発表するためにこの説明会を開いたのではない。楽天はこれからどのように海外展開を進めていくのか。そのことをメディアや投資家の方たちに説明するのが、この会を開催した最大の目的だった。

ちなみに、国内向けのサービスは別だが、この後の決算説明会も英語で行うようになった。もちろん同時通訳は入れるが、英語ですることにしたのは、ライブ中継を通じて海外で視聴する投資家などが多いからだ。

「楽天国際事業戦略説明会」の壇上に集まったのは、eコマース分野での楽天の海外子会社および提携先のリーダーたちだ。

写真1：英語化を外部に正式発表

楽天は、２００２年頃からアジア太平洋地域を中心に海外に楽天トラベルの支店を設けていた。２００５年には、米国のアフィリエイト広告会社大手LinkShare Corporationを買収して、はじめて海外に本格進出した。eコマースの分野においては、２００８年2月に台湾で統一超商股分有限公司との合弁（楽天51%、統一超商49%の出資）で開設した「台湾楽天市場」が最初の海外進出だった。

２００９年には、タイ最大級のeコマースサイトであるTARAD Dot Com（タラッド）を子会社化した。

２０１０年5月には、インドネシア最大の複合メディア企業MNCを擁するGlobal Mediacomと合弁会社を設立（楽天51％、Global Mediacom 49％の出資）。1年後の2011年6月にはインドネシアにおいてインターネット・ショッピングモール「Rakuten Belanja Online」を開設している。

台湾、タイ、インドネシアと、アジアにおいて海外展開を進める一方で、2010年7月には、欧米進出の足がかりとして、アメリカのBuy.com、フランスのPriceMinisterを子会社化した。それぞれアメリカ、フランスの有力なeコマース事業者だ。

この顔ぶれを見れば、楽天が、いかに海外展開を進めてきたか、そしてその流れを加速させようとしていたかが、わかっていただけると思う。2010年は、楽天が海外展開を、スピーディーかつ大規模にはじめる重要な年だったのだ。

僕は、スピーチの中で、「海外展開は楽天にとって選択肢ではなく、義務だ」と述べた。そして、2009年で数％に過ぎなかった楽天グループ全体のeコマース事業での海外取扱高比率を、将来的に70％に引きあげ、グローバル流通総額20兆円を目指すと宣言した。世界中に日本の「楽天市場」のようなサービスをボーダーレスに展開することで、日本のみならず世界の中小企業をエンパワーメントすることができる。「楽天市場」に出店いただいている日本の店舗に世界をマーケットに販売できる機会を提供することができるようになり、ユーザーも世界中からモノを買えるようになるのだ。

後から聞くところによると、この説明会が開催された6月、楽天社内は騒然としていたようだ。この頃、僕が、社員の昇格要件に、TOEICスコアを導入すると決めたからだ。

■昇格要件にTOEICスコア

楽天は毎年、6月と12月に社内で定期昇格人事を発表している。僕は2010年6月に人事制度を改定し、12月の定期昇格人事から、TOEICスコアを社員の評価に組み込むことを正式に決定し、社員に伝えた。

それまで「そういう予定がある」と伝えていただけだったので、本気でそんなことをやるわけないと高をくくっていた社員もいたらしい。商社ならともかく、楽天社員の多くは、将来、自分の英語力を問われることになるとは考えもせずに楽天に入ってきていたからだ。

ところが実際にTOEICスコアが、将来、自分が昇格できるかどうかを決める重要な要素になった。このときはじめて危機感を覚えた社員も多かったようだ。

TOEICは、英語を母語としない人のための英語コミュニケーション能力検定試験だ。

リスニングとリーディングでそれぞれ100問、全部で200問を2時間の制限時間内に解かなければならない。最高点は990点だ。

点数は統計的な処理を経て算出されるため、試験ごとの難易度の差が点数に影響しにくくなっている。たまたま簡単な試験でも、正解率も高くなるので、いい点は出ない。その分、その人の能力を正確に反映しやすいとされている。実際、僕らはいろいろな英語検定試験を試してみたが、TOEICの精度はかなり高いと見ている。まぐれでいい点が出るというようなことがないのだ。

TOEICは、世界120ヵ国で年間約600万人、日本でも2011年度は約227万人が受験している。商社を中心に、TOEICスコアを雇用や人事評価に利用している企業も多い。ちなみに韓国企業のなかには、新入社員の採用基準にTOEICスコア900点以上を課しているところもあった。

僕は何もTOEICによって、個人の英語力をすべて測定できるとは思っていない。しかし、受験者数も、実際に社員の評価に利用している企業も多いことから、現時点ではTOEICスコアを昇格要件に組み込む価値は高いと判断したのだ。

しかしもっと重要なことがある。それは、TOEICスコアによって(限界はあるにせよ）、個人の英語力を数値として把握できる点だ。

楽天はこれまで組織運営の方法論として、ＫＰＩ化を取り入れてきた。ＫＰＩとはキー・パフォーマンス・インディケイター（Key Performance Indicator）の略で、日本語では、重要業績評価指標と呼ばれる。

目標を達成するには、まず自分がどの位置にいるのか確認しておかなければならない。そのためにＫＰＩでは、目標を数値化する。

どんな大きな目標も、小さな目標を積み重ねることで達成することができる。世界一のインターネットサービス企業になるという大目標を目指すとしても、それでは、営業一人でひと月に何件の契約を結べばよいのか。それを数値としてあらわし、毎月確認していけば、どれだけ大目標に近づいているかがわかる。数値にすることで、漠然とした目標でも「見える化」できるメリットがある。

僕が楽天の英語化プロジェクトチームに望んだのは、社員の英語力を科学的に向上させるアプローチを追求することだ。そこで、英語化においても、組織運営のノウハウであるＫＰＩ化、見える化を徹底的に活用することにした。

その例が、部署ごとに会議、文書、社内コミュニケーションがどれだけ英語化したのか

図3：TOEIC点数別ゾーンの定義

レッドゾーン：　ターゲットスコアから200点以上差
イエローゾーン：　ターゲットスコアから100～199点差
オレンジゾーン：　ターゲットスコアから1～99点差
グリーンゾーン：　ターゲットスコア以上

Grade	レッド	イエロー	オレンジ	グリーン
AAA	-550	551-650	651-749	750-
AA	-500	501-600	601-699	700-
A	-450	451-550	551-649	650-
BBB	-400	401-500	501-599	600-
BB	-400	401-500	501-599	600-
B	-400	401-500	501-599	600-

パーセンテージであらわし（KPI化）、毎月1回、朝会で発表するようにしたこと（見える化）。そして、もう一つの例が、社員個人の英語力をKPI化、見える化するための指標としてのTOEICスコアの利用である。

具体的には、図3のように、各グレード（役職のレベル）に応じて、ターゲットスコアを設定し、そこからどれだけ点数が離れているかによって社員を一人一人ゾーンごとに色分けすることにした。なおグレードのAAAは上級管理職、AAは中級管理職、Aは初級管理職、BBBはアシスタントマネージャー、BB以下は役職なしの一般社員をあらわす。

たとえばAAAの上級管理職のターゲットは750点以上（ただし執行役員は800点以上）。750点をクリアした人は、グリーンに色分けされる。651から749点の間ならオレンジ（ターゲットスコアに1から99点離れている）、551点から650点の間ならイエロー（ターゲットスコアに100から199点離れている）、550点以下ならレッド（ターゲットスコアに200点以上離れている）に色分けされることになる（実際にはTOEICのスコアは5点刻みで測定される）。こうした色分けはマーケティング政策でもよく使われている。

それぞれのグレードに設定されたターゲットスコアをクリアできなければ、つまりグリーン以外に色分けされている社員は、2010年12月以降、昇格できない。これが、TOEICスコアを昇格要件に組み込むということの意味だ。

6月、まだスコアを持っていない社員もいたので、僕は10月までにTOEICを受験するよう、社員全員に求めた。

■自費で勉強すべし

僕が英語の勉強を本格的にはじめたのは、大学を卒業して、日本興業銀行（現・みずほ銀行およびみずほコーポレート銀行）に就職後まもなくだった。興銀の留学制度を利用して、ハーバード・ビジネス・スクールに留学したいと思ったからだ。先に留学して帰ってきた先輩たちの話に刺激を受け、自分も彼らのようにハーバードで学び、ゆくゆくは世界を股にかけて活躍するビジネスマンになりたいと思ったのだ。

毎朝6時半に出社して、当時、興銀の地下に設置されていたＬＬ教室（Language Laboratory 教室。外国語学習のための視聴覚設備を整えた部屋）に直行し、始業時間の8時20分まで英語を勉強した。昼休みも食事を早めに済ませて30分、仕事が終わってからも飲みに行く日以外は英語の勉強に費やした。といっても当時はバブル全盛期で、ほぼ毎日飲みに繰り出していた。それでも新入社員にとって、一日1時間から2時間の勉強時間を捻出することはそれほど難しいことではなかった。

週に1～2回は英会話教室に通ったり、外国人の知人の奥さんに個人授業をしてもらったりもした。週末も英語を勉強した。歩行中はウォークマンでアルクのヒアリングマラソンを聴いた。こうした努力が実を結び、就職して1年半経った頃、アメリカの大学への留学に必要な英語力を判定するTOEFLで基準点をクリアした。行内の選抜試験を経て、入行から3年目、念願のハーバード・ビジネス・スクールへ留学することができた。

留学のための英語学習にかかった費用はすべて自費でまかなった。身銭を切ったからこそ、僕は英語をなんとか身につけることができたと思っている。

当初、僕は楽天の社員たちにも、自費で英語を学んでほしいと思った。

２０１０年の英語化初期の頃、社員が通う英語学校のレッスン料を会社で負担しなかったのは、そのためだ。一応、レッスン料を会社が負担する選択肢も検討したものの、あえてそうしなかった。身銭を切ることで、英語学習に真剣味が増すと考えたからだ。

ただし、いくつかの英語学校には、交渉の上、レッスン料を割引してもらった。「（楽天のある品川）近辺の英語学校が楽天社員で満杯だ」あるいは「英語学校に通いたいが、忙しくて、通う時間がない」という声があったので、英語学校から講師を派遣してもらい、楽天社内の空き部屋を使って、レッスンを受けられるようにもした。

また、40～50分の時間で毎日受験でき、結果もすぐに知ることができるオンライン検定試験のＣＡＳＥＣに関しては会社が受験料を負担し、社員はみな無料で受験できる体制も整えた。

実際に勉強するかどうかは社員任せにして、会社は英語学習の環境整備に力を注いだのだ。

一方、５月には社員食堂のメニュー、６月には社員証の表記も英語に変えるなど、社内は段階的に、英語化していった。それとともに「Rakuten English Words」(楽天英単語帳)というウェブサイトを社員向けに開設し、社内で頻繁に使う英語表現・単語を収集し、検索できるようにした。

７月24日、取締役会議で、楽天グループ規程に、社内公用語を英語とすることを明記した。英語化へ進みはじめた道を戻ることはもうない。社員たちも次第にそう感じるようになっていったはずだ。

■競争原理を活かす

10月になって社員たちのＴＯＥＩＣスコアのデータが揃いはじめた。

平均は526・2点。一般に、大卒新入社員で450点と言われる。企業レベルの平均点として526・2点は良くも悪くもない数字である。

ただし、どのグレードに属していても、600点以上が求められるので、大半がターゲットスコアをクリアできなかったことになる。

だが、まだスタートしたばかりなのだから、最初はいくら低くても仕方がない。大事なことはこれからどれだけ伸ばせるかだ。

社員一人一人が自分のTOEICスコアを持つことによって、「見える化」の第一段階はひとまず越えた。それでは、このスコアを、効率的にアップするには、どうすればよいか。

僕らの取った戦略は、大きく分けると2つある。一つは、競争原理の導入だ。他の種と競い合い、勝利した種が生き残る。それによって生物は進化してきたが、この生物界の掟は、企業にもあてはまる。社員同士の競い合いが企業を進化させるのだ。

ただし、英語化プロジェクトにおいて、僕は社員単位の競い合いではなく、事業部単位の競い合いを促進することにした。チームとして課題に取り組むとき、人は大きな力を発揮できる。そのことを僕はこれまで何度も経験してきたからだ。また、ゲーム性を持たせて楽しみながら英語化を進めるという意図もある。

楽天グループは、楽天市場の他に、楽天トラベル、楽天ブックス、楽天オークション、楽天銀行、楽天証券、楽天カード、楽天Ｅｄｙなど多岐にわたる事業を展開している。これらの事業部ごとにＴＯＥＩＣスコアを競わせた。

まず朝会の席で月に一度、レッド、イエロー、オレンジ、グリーンの各ゾーンの割合を発表した。どの事業部に、どのゾーンの人がどれだけいるかを明らかにしたのだ。さらに事業部別平均点のベスト5とワースト5も発表した。

これによって各事業部間の競争心がかき立てられた。ベスト5に入れば嬉しいし、ワースト5に入れば悔しいものだ。2位なら次は1位を目指したくなるだろうし、ワースト5に入ったら、次はなんとか抜け出たいと奮起するだろう。

ある朝会で、楽天銀行と楽天証券がそれぞれのＴＯＥＩＣの平均スコアが上がったことを報告したことがあった。楽天証券の事業長が「次は楽天銀行を抜きます」と言ったのに対して、今度は楽天銀行の事業長が登壇して「楽天証券には負けません。さらに上を目指します」と応じる場面があった。競争だからといって殺伐とした雰囲気はなかった。ゲーム感覚で、みんなで楽しんで、スコアアップを目指そうとしたのだ。

毎日1時間「日本語は一切不使用」というルールを設ける事業部もあれば、独自に講師を招いて勉強会を開く事業部もあった。各事業部の取り組みもまた朝会で発表し、それぞれの取り組みを「見える化」した。上司が熱心な事業部は、部下のTOEICスコアの伸び率も比較的高い傾向が見られた。

■成功事例をヨコテン

スコアアップのためのもう一つの戦略が、情報の共有だ。

移行期間がはじまってから、コツコツと勉強をつづけた社員の中に、劇的にスコアを伸ばした者たちが何人もいた。そこで彼らの成功体験をヒアリングし、整理した上で、社員の間で共有したのだ。ビジネスにおける成功事例のヨコテン（横展開）を、英語学習に応用したと言えるかもしれない。

例を挙げよう。楽天オークションに所属するある女性社員は、2010年5月にTOEICスコアが520点だったが、9月には715点となった。わずか4ヵ月で195点もアップしたのだ。彼女はTOEIC専門の塾に、週1回（2時間半）、全部で8回通い、毎日4時間程度、勉強したという。週にすると20時間以上だ。

たとえば、通勤時間45分に単語・リスニング、昼休みの45分に単語、帰宅時間の45分にリスニング、夕食後の2時間を単語・文法、就寝前の15分にリーディングといった学習スケジュールを組んで勉強した。とにかく自分で決めた範囲を期限内にやりきった。単語は週に400から500語、リスニング・リーディングは毎日1～2時間、文法は毎週テキストの半分という具合だ。特に、仲間同士でお互いの進捗を確認し合えたのが効果的だったという。自分だけ遅れていると焦るからだ。

英語学校には通わずにスコアをアップさせた社員もいる。楽天市場のサービス開発に携わる男性社員は、5月のTOEICで490点だったが、2011年2月に675点を獲得した。彼は、ニンテンドーDSのソフト「もっとTOEIC TEST DSトレーニング」やオンライン学習サイトなどを利用した。リスニング対策としては、オンライン上の情報を収集して機械音声で読み上げ、動画で解説してくれるサイト「Qwiki」を利用し、リーディング対策としては、英語ニュースサイトを利用したという。昼休みに1時間、帰宅後2～3時間勉強し、日々の勉強内容をTwitterでつぶやいたり、Googleスプレッドシートで作ったチェックシートを公開したりした。Twitterで「やるよ」とつぶやくことで、自分を追い込んだのだ。

2人の子供を育てながら勉強に励んだ女性社員もいる。実際に社内報で取り上げられたその社員の声を紹介しよう。


2人の子供がいるので、家ではほとんど勉強ができません。そこで往復2時間の通勤時間を勉強に充てました。電車で立っているときはiPhoneで単語の暗記やリスニング。運よく座れたらテキストとストップウォッチとペンを取り出して公式問題集などのテキストを使った学習をやりました。TOEIC対策として「TOEICパート5の問題集を、下車するまでの25分間で解く」というように、つねに時間を意識した勉強方法を心がけました。少しでも勉強時間を確保するため、あえて各駅停車に乗ったり、エスカレーターに乗っている時間も勉強時間にするために歩かずに立ったままにして一つでも多く単語を覚える時間を捻出するような工夫をしていました。

英語の学習はとても時間がかかり結果もすぐには出ません。ですので「モチベーションの維持」がいちばん大切だと思います。私の場合、産休から復帰したら、社内公用語の英語化がアナウンスされていました。

目標点がクリアできなければ、会社を辞めようと決意して勉強をしました。そこまで思わないとがんばれないし、ここでがんばれなかったら、きっと他でもがんばれないと思いましたから。「ワーキングマザーでもできるんだ」ということを示したかったというのも大きいですね。

650点を超えたころから、朝会の英語のスピーチを聞くことが苦ではなくなり、750点を超えてからは英語の読み書きが苦ではなくなってきたので、TOEICの勉強は仕事に直結するんだなと実感しました。業務で海外のマネージャー研修を担当しているので、英語を使う機会が多いのですが、1年前にはメール1本打つのもとても時間がかかっていましたが、いまでは苦ではなくなりました。今後は、会話で伝えたいことをうまく表現するための勉強をしたいと思っています。

私は目標点をクリアするまで、新聞、雑誌、本、テレビ、映画などの娯楽を一切禁じて、その分の時間をすべて英語勉強に充てました。

社内報でこれらの成功事例をなるべくたくさん紹介した。伸び悩んでいる社員たちには、すき間時間の使い方、モチベーションの維持の仕方など、格好の手がかりになったはずだ。

■おじさんパワー爆発

もう一つ、2010年1月に楽天に入社した男性執行役員の事例を紹介しよう。年齢は40代半ばだ。

楽天に入る前は英語化するなんて聞いていませんでした。入社後1ヵ月して英語化することが決まったときは驚きましたね。大学受験以来、25年間、英語を勉強したことはありませんでした。英語は苦手で、前の会社にいたときも誰かが「オポチュニティーが」など言おうものなら、「ここは日本なんだから日本語を使え」と言っていたくらいです。

2010年にはじめてTOEICを受験したときは400点台。僕のターゲットスコアは800点なので約400点の開きがあった。こんなスコアを取るのは絶対に無理だと思って、その当時は正直、本当に途方に暮れていました。その年6月に三木谷さんが雑誌「東洋経済」で、「英語ができない執行役員は2年後にはクビです」とコメントをしているのを見た元同僚から「戻ってきてもいいぞ」と心配されたくらいです。

三木谷さんに思いとどまって日本語に戻してもらうことを期待しながら、TOEIC対策のために2つの英会話学校にあわせて週4回通いはじめました。マン・ツー・マンの授業です。しかし半年かかって500点になったくらいで、時間もお金もかけたわりにあまり効果はありませんでした。この学習方法だと、レッスンのときしかテキストを開かなかったのがいけなかったのかもしれません。

その後、TOEICに特化した英語学校に通いました。恐ろしく厳しいところで、はじめて「本気で英語を勉強するモード」にスイッチが入り、平日1〜2時間、土日に10時間、週に最低でも25時間くらいは英語を勉強しました。中学生の子供がいるんですが、その子の中間テスト、期末テスト前の勉強時間よりも自分のほうが勉強したんじゃないかと思いますね。「お前、お父さんのほうが勉強してるじゃないか」と怒ったこともありましたね。週末は家族に「俺はここにいないと思ってくれ」と言って、必死で勉強しました。

彼は結局、2011年1月に760点、さらに6月に830点を獲得した。

一日何時間か勉強時間を捻出しようとすれば、仕事の効率を上げるか、睡眠時間を削るか、私生活を犠牲にするかしなければならない。彼の場合は、執行役員だったので、参加する会議は英語になったものが多かっただろうし、英語を仕事の場で使う場面が格段に増え大変だったと思うが、良い学習機会にもなったと思う。社員たち、役員たち、みなそれぞれ工夫、あるいは気合で英語化プロジェクトに取り組んでいた。とにかくみんな必死だった。

語学学習において、最も難しいのは、教材や学校選びかもしれない。多くの人が、自分のレベルに合った教材や学校を見つけるのに苦労している。

特に英語の教材は、参考書、オンライン教材、アプリなど山ほどあるし、英語学校も色とりどりだ。そこで英語化プロジェクトチームでは、スコアの伸びのめざましい社員に、実際にどんな教材やどんな英語学校が効果的だったのか聞きだして集計した。その上で、TOEICスコア別に最適な教材や学校の情報を、分野別（ボキャブラリー、文法、リスニング、スピーキング、ライティング）、メディア別（参考書、eラーニング、学校など）に分類して、社員で共有した。

英語学習は筋肉トレーニングに似ているかもしれない。筋肉に与える負荷が小さすぎると訓練にならないし、逆に大きすぎると、肉離れを起こしてしまう。軽すぎず、重すぎもしない重量のものを使ってくり返しトレーニングしたときに最も効果が出る。英語学習も、簡単すぎず、かつ、難しすぎない教材選び、学校選びが大事だ。

競争原理、情報の共有化によって、僕らは社員の学習環境を整え、モチベーションの維持に努めた。しかし、社員が英語の勉強に本腰を入れるようになったきっかけは２０１０年12月の定期昇格人事だったかもしれない。

６月に予告していたとおり、12月の定期昇格人事からＴＯＥＩＣスコアを昇格要件に組み込んだ。そのため、ターゲットスコアに達せず、実際に昇進できなかった社員が何人かいた。この事態に、「次は自分も引っかかるかもしれない。人ごとではない」と危機感を募らせた社員も多かったようだ。

だが、２０１０年12月の定期昇格人事から４ヵ月後、２０１１年４月の時点で、ＴＯＥＩＣのターゲットスコアをクリアできたグリーンゾーンの社員は、全社員のわずか29％に過ぎなかった。しかもターゲットスコアから１００点以上離れたイエローゾーンとレッドゾーンの社員が合わせて61・6％に達したのだ（ただし2010年10月と比べると、全社員の平均点は40点程度アップしていた）。

3月11日に発生した東日本大震災の影響もあったのかもしれない。僕らは社内公用語英語化の正式移行期日を、予定していた2012年4月から3ヵ月後ろにずらし、2012年7月からとした。

■ハーバード・ビジネス・スクール・ケース・スタディの衝撃

2011年8月末、ハーバード・ビジネス・スクール（ハーバード大学経営大学院。HBSと略称される）のケース・スタディとして発表された論文に楽天が取り上げられた。タイトルは、「Language and Globalization: "Englishnization" at Rakuten（言語とグローバル化―楽天の英語化について）」。

HBSでは、伝統的にケース・スタディが重視される。学生たちは企業の実際の事例を材料に、議論を重ねながら経営学を学ぶのだ。

論文の執筆者であるHBSのツェダル・ニーリー准教授が取り上げたのが、楽天の社内公用語英語化プロジェクトだった。

ニーリー氏は、ケース・スタディのため２０１１年３月から楽天社員に、何百かの項目にわたるアンケートを実施するとともに、精力的に聞き取り調査を進めた。

論文が発表されたのは８月末だが、それ以前に、僕はニーリー氏の調査内容を知らされていた。

それは僕に大きな衝撃を与えた。ニーリー氏のもたらした情報の中に、それまで僕の耳に届いていなかった、社員たちの赤裸々な証言があったからだ。

ある社員は、「同僚の多くがEnglishnizationを苦々しく思っている」と言い、こうつづけている。

「多忙なエンジニアの多くが不満を持ち、英語化の命令に混乱している。彼らはいくら一生懸命働いても、英語がしゃべれなければ自分たちにチャンスがないことを知っており、意欲を失っている。『英語は解雇のための道具なんじゃないか』と言う人もいる。自分は彼らが三木谷社長の本当の意図を理解していないとも思うが、将来、人員の入れ替わりが起こることは間違いない。英語のしゃべれない社員は、会議で発言できず、自分が劣っているように感じている。会議で、ある人の意見が採用されたとき、内容がすばらしいからではなく、その人の英語の表現力がすばらしかったからではないかと思ったことがある」

また別の社員は、

「忙しくて、しかも業務上、英語を必要としないのに、どうやってものの見方を（英語が必要であるという考え方へ）変えられるだろう？」

と疑問を投げかける。

業務で英語を使っていない部署では、英語化に対する不満がたまっているのかもしれない。人事部マネージャーのこんな証言もある。

「彼らは楽天のために一生懸命働き、会社に大きな利益をもたらしているのに、英語がしゃべれないせいで昇進できない。有能で、誠実で、かつ楽天を愛していても、ＴＯＥＩＣのスコアが２９０点というような社員は多い。彼らは文字通り英語を学ぶ時間がなく、週末に勉強している」

ケース・スタディで集められた社員の意見の中には、英語化に賛同する声も多かった。しかし、強い不満も確実にあった。英語化プロジェクトが社員に負担をかけていることは自覚していたつもりだったが、ここまで強いストレスを感じている社員たちがいるとは想像していなかった。

英語化プロジェクトを見直す必要があると思った。

■言語とグローバルビジネス

ＨＢＳのニーリー氏によれば、楽天のEnglishnizationを扱ったケース・スタディは２０１１年のＨＢＳのケース・スタディの中で最も多く読まれ、学生からも「ホームラン級」の注目を集めたという。

このケース・スタディは、ＭＢＡ（経営学修士）コース１年目の必修科目の中で取り上げられたが、授業の中で、議論が盛り上がり、泣き出す学生もいたという。なぜこのケース・スタディが、そこまで感情的な反応を引き起こしたのだろうか。

「興味深いことに、学生たちは、言語をめぐる問題を自分の問題としてすぐに理解できました。彼らは母語以外の言語の習得に苦労した経験を持っています。だから彼らは、このテーマに、われわれＨＢＳの教員陣がこれまで見たこともないくらい強い関心を抱いたのでしょう。実際、学生の約35％は、海外の留学生です。留学生はみな、このケース・スタディは、まるごと自分のことを描いていると語っていました。

楽天は、社内公用語を英語にするまでの期限を設け、また、会社が定めた条件をクリアできなければ降格の恐れもあるとしています。これについて、学生の中には、物事を急進的に進めるにはこのやり方しかないという意見がありました。グローバル企業の英語化は、飲み込まなければならない「毒薬だ」と。一方で、楽天のやり方は厳しすぎるし、攻撃的すぎるという意見の学生もいました。議論が集中したのはこの点でした。

議論を通じて、学生たちはグローバル化について考えを深めました。会社の中であれ、外であれ、そこにいる人たちと意思疎通する能力なしに、世界の多くのマーケットに参入していくことは可能でしょうか。この疑問に答えなければなりません。言語能力はグローバル化を達成するために必要な最も基本的な能力なのです」（ニーリー氏）

ニーリー氏は、楽天以前にも、グローバル化のため英語を導入したフランスやドイツの企業を調査している。グローバル化のため、企業のコミュニケーション言語を英語に統一しようという動きは、世界的なものなのだ。

ニーリー氏は、楽天のEnglishnizationには次のような特徴があるという。

「野心的なグローバル化戦略のために、『先回り』の意味合いの強い、準備としての施策であるという点。そして英語の能力を向上させるのに、一部のグループを選ぶのではなく、全社員で取り組もうとしている点。特に、ｅコマースをプラットフォームに、テクノロジーを基盤としたビジネスを展開する企業が、全員で取り組んでいるという点に私は注目しています。なぜならこの分野では、将来どのグループ、どの個人が一緒に仕事をすることになるか現時点で予測できないからです」

「先回り」としての英語公用語化。これは楽天の経営理念や行動指針をまとめた「楽天主義」の言葉に当てはめれば「用意周到」になるだろう。これまで僕は何かことが起こる前に、将来を予測して、前もって施策を実行するように努めてきた。英語化もその一つと言える。

ＨＢＳのケース・スタディは、非英語圏の企業がローカル企業からグローバル企業へ生まれ変わる上で、英語化の問題が避けられないことを教えてくれた。それとともに、その施策が社員の間に痛みを生んでいることも教えてくれた。

楽天の英語公用語化という実験は、日本にとってだけでなく、世界にとっても大きな意味を持つのかもしれないと思った。

第3章

英語は仕事

■配属させずに英語学習

僕は2011年の新入社員に対し、入社するまでにTOEIC650点を獲得しておくよう求めていた。

しかし4月の入社式までにこの基準点をクリアしていたのは、新入社員458人のうち214人。244人が未達成だった。新卒研修を終えて、配属の時期となる頃にも170人が未達成だった。

僕は、その170人をどの部署にも配属させなかった。その代わり、勤務時間中に英語を勉強させた。

もちろん、その間、英語の勉強しかしていなかった彼らにも、ちゃんと給料を支払っている。

つまり、仕事として英語を勉強させたのだ。

当初、英語学習については基本的に社員の自主性にゆだねていた。しかし、自主性にゆだねる手法の限界もだんだん見えてきていた。

そのきっかけが、HBSのニーリー氏の調査だった。前章で述べたように、ニーリー氏は、元々英語を苦手としていた社員にとって英語化プロジェクトが大きな負担になっている状況を明らかにしつつあった。特に、忙しくて勉強時間がなかなか取れない社員たちの不満が大きかった。

そこで、僕は、社員たちに対して、英語は重要な仕事の一部であることを示さなければならないと思った。

基準点を達成できなかった新入社員を部署に配属させず、英語学習に集中させたのもそのためだ。

4月中旬から5月までは毎週(6月以降は月2回)、TOEIC IPテストを実施して、まずはスコアを見える化した。KPI管理をするためだ。

TOEICを受けると、リスニング、リーディング、文法などパート別のスコアがわかる。英語教育担当者は、このスコアから、各人の課題を見つけ出し、どんな教材を使えばよいのか、どう勉強すればよいのかなど対策をマン・ツー・マンでアドバイスした。僕らはこのカウンセリングを、「Beat TOEIC」（打倒ＴＯＥＩＣ）と名付けた。

ＴＯＥＩＣをくり返し受けるうちに、どこにウィークポイントがあるのか見えてくるものだ。英語化プロジェクトチームの分析によって、彼らの最大のウィークポイントが語彙力の不足にあることがわかった。語彙力が足りなかったために、リスニングもリーディングもなかなか伸びていないと考えられた。

そこで英語化プロジェクトチームは、語彙力不足解消の対策として「ＴＯＥＩＣ最頻出英単語の暗記テスト」を実施した。

写真2：暗記テストを受ける新入社員

基準点を超えた者から部署に配属させていったので、未達成者の数は減りつつあった。それでも「暗記テスト」がはじまる5月までに約１００名が残っていた。

「暗記テスト」は、朝一番に1ヵ所の会場に集められ、一斉に1時間で１００個の英単語を学習する（写真２）。

その後、制限時間8分間の100問テストを行い、どれくらい記憶できたかを確かめる。90問以上正解ならクリアだ。

クリアした者は前列に移動して、次の100個の英単語にチャレンジできる。

クリアできなかった者は同じ席にそのまま残って、前と同じ100個の英単語を学ぶ。

もう1時間経ったところで再びテストを行う。これをくり返し、100問テストを10回、すなわち全部で1000問のテストにクリアしたら「暗記テスト」は完了。自主学習に移ることができる。

写真3：セブ島の語学学校

クリアした段階ごとの座席変更は、テストにゲーム性を加えるための工夫だ。最も早い者で2日、最も遅い者で2週間で、全員がクリアした。

また、英語化プロジェクトチームのリーダーであるカイルが、英語によるレッスンを行い、文法、単語、長文読解、リスニングといったTOEICのパート別に指導した。このレッスンも、勤務時間「外」ではなく、日中の勤務時間「内」に行っている。仕事としての英語レッスンなのだ。

さらに、6月下旬から、基準点をクリアしていない者を一部、海外への語学研修へ派遣した。研修先に選んだのはフィリピンのセブ島だ（写真3）。

セブ島を選んだいちばんの理由は、欧米に派遣する場合の4分の1程度というコストの安さだ。日本との時差が1時間しかない点も魅力だった。

結果的には、フィリピンでの語学研修は、国内学習組のTOEICスコア伸び率と比較したところ、TOEICテスト対策としてはあまり効果がなかった。ただ、英語に対する抵抗感を和らげたという意味では、顕著な効果が見られた。それまで英語を話したことのなかった人でも、帰国すると、自分から積極的に英語で話しかけるようになっていたのだ。

こうして基準点未達成の新入社員はどんどん減っていき、7月の終わり頃には23人になっていた。

■支援策の充実

会社による支援策を充実させた対象は、新入社員だけではない。

それまでの社員個人の自費任せを見直し、２０１１年5月から全社員に、内田洋行のTOEIC対策用eラーニング学習コースを無料で提供した。忙しくて時間に余裕がなくても、eラーニングなら、自分の都合に合わせて、学習スケジュールを組みやすいだろうと考えた。

社内セミナーを開いて、英語の勉強の仕方をアドバイスしたり、TOEICの問題作成者を招いて試験の狙いを解説してもらったりもした。英語を勉強するといってもどこから手を付けていいかわからない社員も数多くいたからだ。

楽天のために一生懸命働き、実際大きな貢献をしてくれている、しかしTOEICスコアの低い社員たちに対するフォローとして、実施したのが「昇格候補者用トレーニングプログラム」だ。昇格候補者のうちTOEICがターゲットスコアに達していない社員を集め、午前中、8時半から12時まで、英語学校の講師を招いてレッスンを受けてもらったのだ。「他の仕事はしなくていいから、午前中は英語を勉強してください」というわけだ。

さらに、ゾーン別の支援策も進めた。前章で述べたように、ゾーンは、グレード（役職のレベル）ごとに設定されたターゲットスコアから、点数がどれだけ離れているかによって決められる。ターゲットスコアから200点以上の差だとレッドゾーン、199点から100点の差だとイエローゾーン、99点から1点の差だとオレンジゾーン、ターゲットスコアをクリアするとグリーンゾーンに色分けされる。

いちばん英語に苦戦していたレッドゾーンの社員たちには、英語学校から講師を楽天に派遣してもらってTOEIC対策の講義を義務として受けさせたり、通信教育を受けてもらったりした。イエローゾーンの社員に対しては、外部講師の講座、eラーニングなどいくつかのメニューを用意して、任意で受けられるようにした。

すでにターゲットスコアをクリアしたグリーンゾーンの社員に対しては、スピーキングやライティングのトレーニングに移ってもらった。

その一つとして利用しはじめたのが、Versantという検定試験だ。これは、スピーキング能力を測定するための試験で、1回15分、電話で受験できる。実際、グローバル企業の多くで利用されている。

他にも、オンライン教材を無料で提供し、一部の社員に対しては無料でフィリピン語学研修に参加してもらった。

TOEICは、英語の能力を数値化して、KPI管理をするためのツールとしては非常に有効だった。また、勉強の習慣付けにも役に立ったと言える。

しかし、TOEICだけでは不十分だ。TOEICには、英語の能力とは別の特殊な点取りテクニックが存在すると言われる。このテクニックによってある程度高い点数を獲得することが可能なのだ。英語による円滑なコミュニケーション能力を身につけることが本来の目的なのに、試験テクニックを身につけるのでは本末転倒だ。だからといって利用価値がないという意味ではない。試験テクニックだけでも、ハイスコアは得られないからだ。

将来、英語によるプレゼンテーション、交渉、書類作成などの実務を遂行する力をつけるには、さらなるトレーニングが必要だ。TOEICのターゲットスコアは通過点に過ぎない。

■英語化プロジェクトは先行投資

英語化プロジェクトは、グローバル化のための先行投資だ。今ここで楽天を英語化しておけば、将来の見返りは大きいにちがいないと考えたからこそ、自費任せの英語学習を見直し、会社の経費を投じて、一部の人には勤務時間内にも勉強してもらったのだ。

しかし、部署の誰かが勤務時間内に英語の勉強に時間を割くことになれば、その人が抜けた分を部署全体でカバーしなければならないことになる。英語化プロジェクトチームはあらかじめ「特別英語レッスンのために部員を借ります」と該当部署に伝えて、理解と協力を求めてはいたが、部署ごとの負担は大きかっただろう。

特に、昇格候補者のような「仕事のできる」社員を職場から抜けださせて、英語のレッスンに専念してもらう場合、その穴を埋めるのは容易ではない（空いた穴を任された部下が思わぬ手腕を発揮するなど嬉しい副次的効果もあったが）。

それでも僕は、このプロジェクトはやりきらなければならない、と考えていた。これは「楽天主義」でも掲げている、“Get Things Done”（信念不抜）だ。

楽天はこれまでも、多少、無茶な目標の設定をし、それをクリアしていくことで、成長してきた。

ハードルの高い目標が、社員の個々の潜在能力を最大限引き出す。できない言い訳を考えるのではなく、できる方策を考え、チャレンジすること。それによって人は高みに登ることができるのだ。生ぬるい目標を掲げていては、人も組織も育たない。

社内公用語の英語化は、日本の企業にとって、かなりハードルの高い目標だ。前代未聞の実験でもある。

僕は、雰囲気作りが大切だと考えた。

英語化の意義を、社員の前で、しつこいくらい何度も説明するとともに、「英語ができない社員はダメな社員」という雰囲気が生まれないようにした。たとえ今は英語ができなくても、がんばれば必ずできるようになる。英語に苦労している人が部署にいれば、部署みんなでサポートしよう。そういう雰囲気作りに努めた。

よく、英語化の負担が大きくて、生産性が落ちるのではないかという質問をいただくことがある。

はっきり言って、たしかに生産性が落ちるデメリットはある。しかし、このデメリットは短期的なものだ。しかも英語化を成し遂げることで得られるメリットに比べれば、はるかに小さく、中長期的に必ず取り戻すことができる。だから「やりきる」ことが必要なのだ。

■英語化はグローバル化の本気度を示すメッセージ

英語への投資効果は、すでにあらわれている。

その一つは、スピーディーな海外展開を実現できたことだ。第2章の冒頭に述べたように、2010年7月にはアメリカのBuy.com、フランスのPriceMinisterを完全子会社化し、アメリカとフランスにおいてeコマース事業に参入した。

2011年にはさらに海外展開を加速させた。

6月、インドネシアでGlobal Mediacomとの合弁によるインターネット・ショッピングモール「Rakuten Belanja Online」のサービス開始。

同月、ブラジルの有力ECプラットフォーム提供事業者Ikeda Internet Softwareを子会社化（2012年4月にインターネット・ショッピングモール「Rakuten.com.br Shopping」

を開設）。
7月、ドイツの有力eコマース事業者Tradoriaを子会社化。
10月、イギリスの大手eコマース事業者Play Holdingsを子会社化。
11月、カナダに拠点を置いて、世界100ヵ国以上で電子書籍サービスを展開するKoboの買収を発表。

これほど急進的な海外展開は、英語化プロジェクトをはじめなければ決して実現できなかったはずだ。

その理由は、買収される立場を想像してみれば、すぐにわかる。日本語で行われる会議に参加しても、自分たちがその企業の一員になったという実感は得にくいはずだ。たとえ通訳がついていたとしても、直接のコミュニケーションができないと、どうしても疎外感が生まれる。最悪の場合、自分たちは日本企業・日本人の下に置かれることになったと悲観するかもしれない。英語化には、グローバルでかつフェアな環境を作り出すという「大義名分」もある。

僕はグローバルで一体感のある経営をしたいと思った。

英語化を進めていなかったら、買収できていなかったかもしれないケースもある。

僕らは必ず買収先の経営陣に東京の本社に来てもらい、実際に英語で会議をしている場面を見てもらう。僕らの英語は下手くそだ。会議も円滑に進むわけではない。しかし、おそらく彼らは「楽天は本気で世界一のインターネットサービス企業になろうとしている。これなら一緒にグローバルで戦っていける」と感じてくれたと思う。

買収された企業の経営者は、買収後その企業を去ることが多い。しかし楽天が買収した企業の経営者は、ほとんどがそのまま残っている。僕らがグローバルビジネスの共通語である英語を使っている姿を目の当たりにしたからだ。

社内公用語を英語にするという宣言は「楽天はグローバル企業になる」という強いメッセージとして機能したのではないだろうか。

２０１０年からは役員合宿も、通訳を介さず、すべて英語になり、海外役員に非常に好評だった。外国人役員や社員が会議の場で自由に発言できる環境をつくっておくのがグローバル化に欠かせないステップであり、ここがクリアされないと、外国人を役員に登用する意味がない。日本企業の場合、グローバル化というと、上から目線で、「自分たちの経営を全世界に展開しよう」という一方向に意識が向きがちだが、それだけでは不十分だ。

ローカルの意見をどう取り入れるか、という逆の道筋もつくっておかなければいけない。英語公用語化は、その道筋をつくる意味もある。

海外企業の買収が増えるにつれ、社員たちが英語でコミュニケーションをする機会も自然に増えていった。海外とのメール、電話のやりとりが増えたし、外国人が参加する会議も増えたからだ。逆に、日本人しか参加しない会議は、減っていった。

英語化により、日本人社員の国際的思考、感覚が確実に変化している。海外とリアルタイムに情報交換ができるようになってきているし、より濃いディスカッションができるようになってきた。また、研修ではなく直接ＯＪＴ（オン・ザ・ジョブ・トレーニング。研修とは別の実践的社員教育）で教えられるようになってきた。

それまで自分には英語は関係ないと思っていた社員も、英語の必要性が日増しに実感されるようになってきたはずだ。社内公用語を日本語から英語へ移行する準備モードは、実践モードへ変わりつつあった。

■「できるけどやらない」と「できないからやらない」

逆説的に聞こえるかもしれないが、もし楽天社員のほぼ全員が、英語で仕事ができたなら、社内公用語を英語に変える必要はなかった。

社員一人一人が、日本語と英語をいつでも自由自在に切り替えることができるなら、日本人同士がわざわざ英語で会議をしなくてもいい。ケースバイケースで日本語と英語を使い分ければいい。

しかし、僕は、日本人しかいない場でも英語を使うよう社員たちに求めている。たとえ効率が落ちるとしてもだ。

韓国のサムスンやLGは、新入社員に、かなり高い英語力を採用基準として課している。彼らは入社してからも英語力の向上に励んでいる。

彼らは、いつでも韓国語と英語を切り替えてコミュニケーションを取ることができるはずだ。

サムスンもLGも社内公用語を英語にしているわけではないが、社員はほぼ全員、適宜、韓国語と英語を切り替えながら、業務を遂行する能力をもっている。その上で、世界各地に支社を作って、現地の事情に合わせた経営を行っている。

僕は、企業のグローバル化に際して、彼らのように「英語はできるが、母語で仕事をする」のはかまわないと考えている。

しかし、「英語ができないから、日本語で仕事をする」という状況は、グローバル企業にとってあり得ない。「できるけどやらない」と「できないからやらない」は大ちがいなのだ。

また、外資系企業の日本支社の中には、「できるけどやらない」というところもある。海外企業が日本に展開する際は、むしろグローバルのものをローカル化する必要があり、それが日本支社の役割だったりするからだ。本社とのコミュニケーションは英語でやるが、日本国内向けの営業や開発が業務の主となるのであれば、英語を使う機会は少ないだろう。

楽天の場合は逆である。これから世界にどんどんビジネスを広げていこうとしているところだ。また、楽天はインターネット企業であり、サービス企業でもあるので、海外に展開しようとすると、情報共有や情報収集・発信などあらゆる場面でむしろ英語を使わざるを得ないシチュエーションが増えていく一方である。日本が本社で、海外に楽天モデルをもっていき、現地スタッフとも連携をして、さらに海外現地の状況に合わせてローカル化しようとしていく場合、本社の楽天スタッフは海外現地スタッフと密に連携をとらなければならない。そのため、ある程度みんなが英語を話せるようになる必要があるのだ。

グローバル企業においては、社員はみな英語ができる、という状況が保証されていなければならない。

しかし、2010年5月に本格的に英語化プロジェクトをはじめるまで、楽天の中で英語によるコミュニケーションが可能な社員は全体の10％程度しかいなかった。大半が英語を使えなかったのだ。どうすれば、社員全員、英語ができるようになるか。

僕が導き出した答えが、社内公用語の英語化だった。

たとえば会議は英語でなければならないが、それ以外は日本語でもいいというように条件を緩めてしまうと、英語を身につけさせることはかえって難しくなるだろう。英語に限らないが、ある一定期間、外国語の環境に染められなければ、人は外国語を習得できない。

英語しか使えない環境に一度、身を置くこと。第1章でも述べたように、それがいちばん効力の高い英語習得の方法だと思う。

社内公用語英語化は、社員全員を英語ができる状態に変換するためのプロセスなのだ。これはグローバル化を目指す企業にとって、避けて通れないプロセスでもある。

■レッドゾーンスピーチ

２０１１年７月のある日、僕は一堂に会したレッドゾーンの社員を前にして、こんな話をした。


今日は、ＴＯＥＩＣスコアのレッドゾーンにいる人たちに集まっていただきました。

今、レッドゾーンの人は、全部で７２０人います。

僕の目標は、落伍者なく、全員をグリーンゾーンにすることです。

なぜ英語化が必要か、あらためてお話ししたいと思います。

インターネットは第８の大陸です。これまで知られているのは、ヨーロッパ大陸、アジア大陸、アフリカ大陸、北アメリカ大陸、南アメリカ大陸、オーストラリア大陸、南極大陸の７つのリアルな大陸です。しかし、インターネットは、ヴァーチャルですが、確かに存在する8番目の大陸と考えなければなりません。

しかし、日本の携帯電話も、家電製品も、第8の大陸に上陸できないまま、リアルな7大陸に取り残されています。

ハードウェアだけでは生き残れない時代なのです。日本のマーケットも縮小しつつあります。

したがって楽天はこれからグローバル化せざるを得ません。

ところが日本のサービス企業の中で、真の意味で、グローバル化に成功した企業はありません。

今まで日本の企業としてグローバル化に成功してきたのは製造メーカーです。

しかし、5年前なら、世界のブランドとして通用したのは日本の大手製造メーカーでしたが、今やサムスンに取って代わられています。

なぜか？　それはサムスンの人たちが、昔の中国人のように、積極的に海外進出を進め、現地化し、たくましくビジネスを展開してきたからです。

一方、日本はビジネスの面だけでなく、政治の面でも世界における存在感を失いつつあります。

しかし今、楽天は急速にグローバル化を進めています。

特に、開発系の部署には、外国人スタッフが次々とチームの中に入ってきています。この中にも、上司が、日本語をしゃべれない外国人であるという人もいるはずです。

このような状況は、これから社内にどんどん広がっていきます。それによって僕らが得る利益は非常に大きいと考えています。

英語ができる人だけやればいいじゃないか、あるいは、外国人がいるときだけ、英語を使えばいいじゃないかという意見があります。

しかし、僕は、中間はないと思っています。すべて英語でやるか、まったくやらないかのどちらかしかない。

なぜかといえば、言葉というのは使わないとマスターできないからです。

日本人でも、海外に送ることができれば、たとえ今、どんなに英語ができない人でも、数ヵ月、あるいは1年以内に英語によるコミュニケーションができると思います。

残念ながら、1万人近い社員を海外に送ることはできません。

じゃあ、どうするか。社内の会議を英語にして、ドキュメントも英語にします。これによってみなさんの英語に対する接触時間は飛躍的に伸びるわけです。

図4：アジア圏のTOEICスコア

**1998年から2005年までに
日本のスコアはほとんど変わらず**

1998年

国	平均点
中　国	505
台　湾	476
韓　国	475
日　本	448

2005年

国	平均点
中　国	573
韓　国	535
台　湾	530
日　本	457

Source: ETS TOEIC Worldwide Data, 1998, 2005 Reports

2005年のデータですが、中国のTOEICスコアの平均は573点。それに対して日本の平均は457点です（図4）。1998年のデータでは、中国の平均は505点、日本の平均は448点。日本のスコアがほとんど変わっていないのに対して、中国のスコアがぐんと伸びています。

これは大きな問題です。ですから、楽天が英語化を率先して進めることによって世の中を変えていかなければなりません。

僕はこのプロジェクトは、みんなと一緒にやりきるところに意義があると思います。

言い方は悪いけれども、TOEICスコアで基準点以上ない社員は全員クビというアプローチもできる。しかし僕はそうじゃなくて全員をクリアさせたい。今までは自主性を重んじていました。もちろん自主性がベースになければなりませんが、僕らも策を考えて、なんとかクリアさせたいと思っています。

現在、レッドゾーンは720人ですが、まだ（2011年）7月の頭です。楽天式の管理で、年末にはレッドゾーンは一人もいない状態にしたい。

必ずみんなで一緒にクリアしましょう。よろしくお願いします。

――楽天は「一致団結」を楽天のブランドコンセプトの一つとして掲げている。僕が「全員」にこだわったのは、この「一致団結」を実行するためでもある。トップだけでなく役員も賛同し、率先して英語を話すようにし、全員巻き込み型でやる。トップだけが思っていても実現しないので、役員や社員に腹に落としてもらえるように何度でも説得することが重要だ。多様なメンバーの力を結集して、全体の方針に向かって進んでいく組織こそ、成功を収められると信じているからだ。

第4章　楽天英語化の中間報告

■中間報告

2010年5月の英語化プロジェクト本格スタートから約2年が経過する。社内公用語を日本語から英語へ正式に移行する2012年7月1日まで、あとわずかだ。

2011年の新入社員に関しては、全員、基準となるTOEIC650点をクリアした。2012年に採用した新入社員については、730点を入社時の条件としたが、彼らの平均TOEICスコアは800点以上に達している。ちなみに2013年の採用は内定式までに650点、入社時までに750点が条件となる。

現時点（2012年4月）までの楽天の英語化の進捗状況をデータで示しておきたい。ただし注意していただきたいのは、ここで示すデータは、英語化の取り組みの途中段階のものであるという点だ。楽天の英語化は今も進行中である。僕は、最初に、英語化に必要

図5：英語化の進捗状況

	書類		会議		社内コミュニケーション		
	日報	会議資料	経営陣参加の会議	部署レベルの会議	経営陣へのメール	部署で英語のみ使用（毎週最低でも1時間以上）	英語化進捗の平均
2011年4月	78%	73%	59%	51%	58%	74%	65%
7月	88%	83%	67%	57%	62%	83%	74%
10月	88%	82%	68%	61%	67%	81%	74%
2012年1月	89%	83%	71%	62%	68%	83%	76%
4月	90%	84%	79%	65%	78%	80%	79%

□…70%以上

な時間は１０００時間という仮説を立てたが、それが正しかったかどうか正確にはまだわからない。とにかく僕らは仮説に従って、実行した。検証はこれからの課題である。

　その点を念頭に置いて、図５を見ていただきたい。これは、社内の書類、会議、社内コミュニケーションにおける英語化の割合を、月ごとに示している。書類に関してはかなりの部分が、会議に関しても徐々に英語化されていることがわかるだろう。

　全社員のＴＯＥＩＣ平均スコアも順調に伸び（図６）、２０１０年10月に５２６・２点だったのが、約1年半後の２０１２年５月には６８７・３点となり、１６１・１

図6：全社員のTOEIC平均スコアの推移

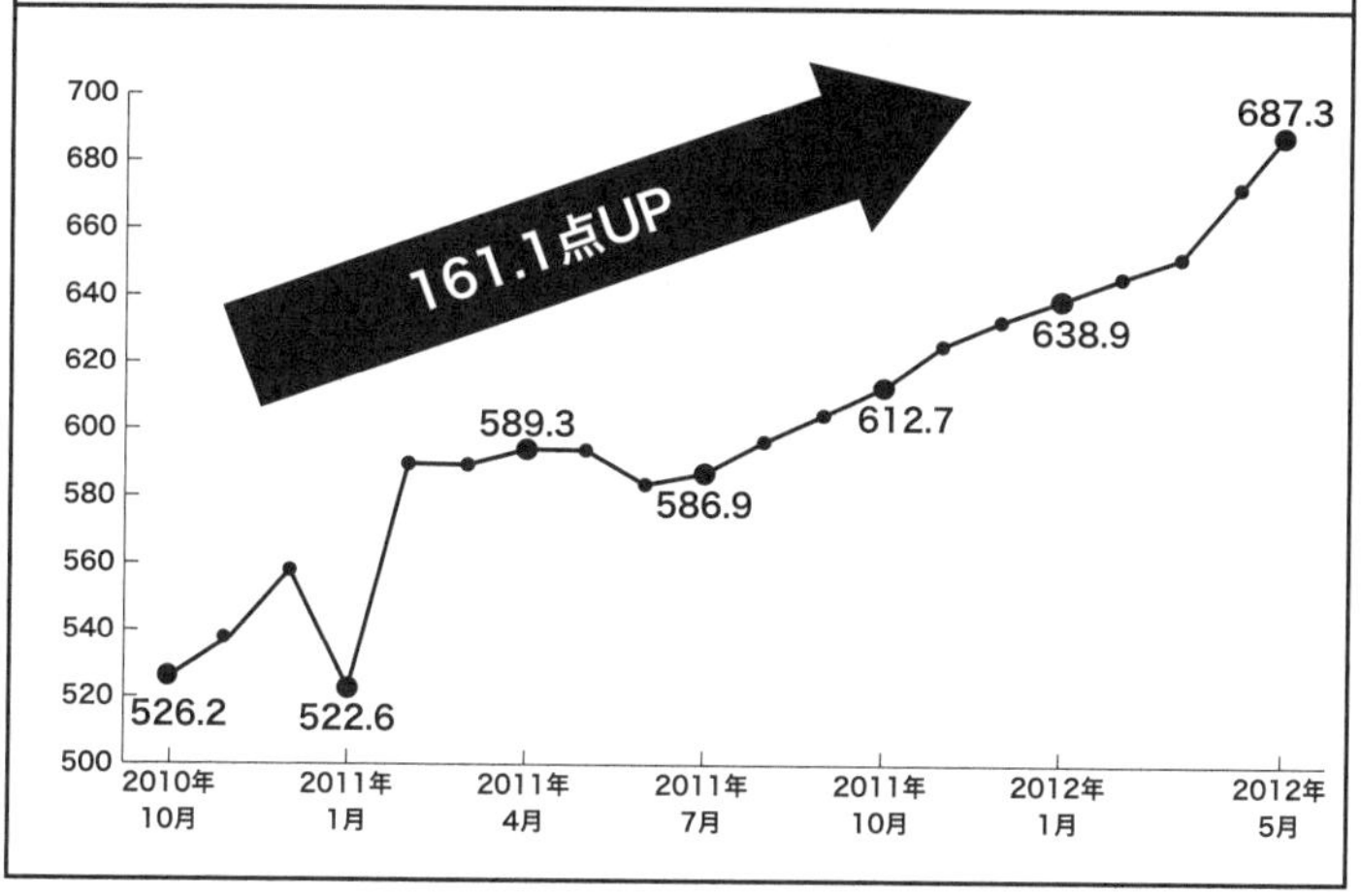

点もアップしている。

図7は、レッド、イエロー、オレンジ、グリーンの各ゾーンに含まれる人数の割合が、月ごとにどう変化していったかを示している。スコアがなかったり、レッド、イエローのゾーンに含まれる社員たちのことを英語化プロジェクトでは「アット・リスク・グループ」（At Risk Group）と呼んでいたが、2011年3月に61・6％だった、アット・リスク・グループが、2012年5月には9・2％になっていることがわかる。レッドゾーンはわずか2・2％だ。

ただ、ターゲットスコアを達成したグリーンゾーンが約8割に達する一方、あともう一歩のオレンジゾーンも入れれば、約2

図7：カラーゾーンの推移

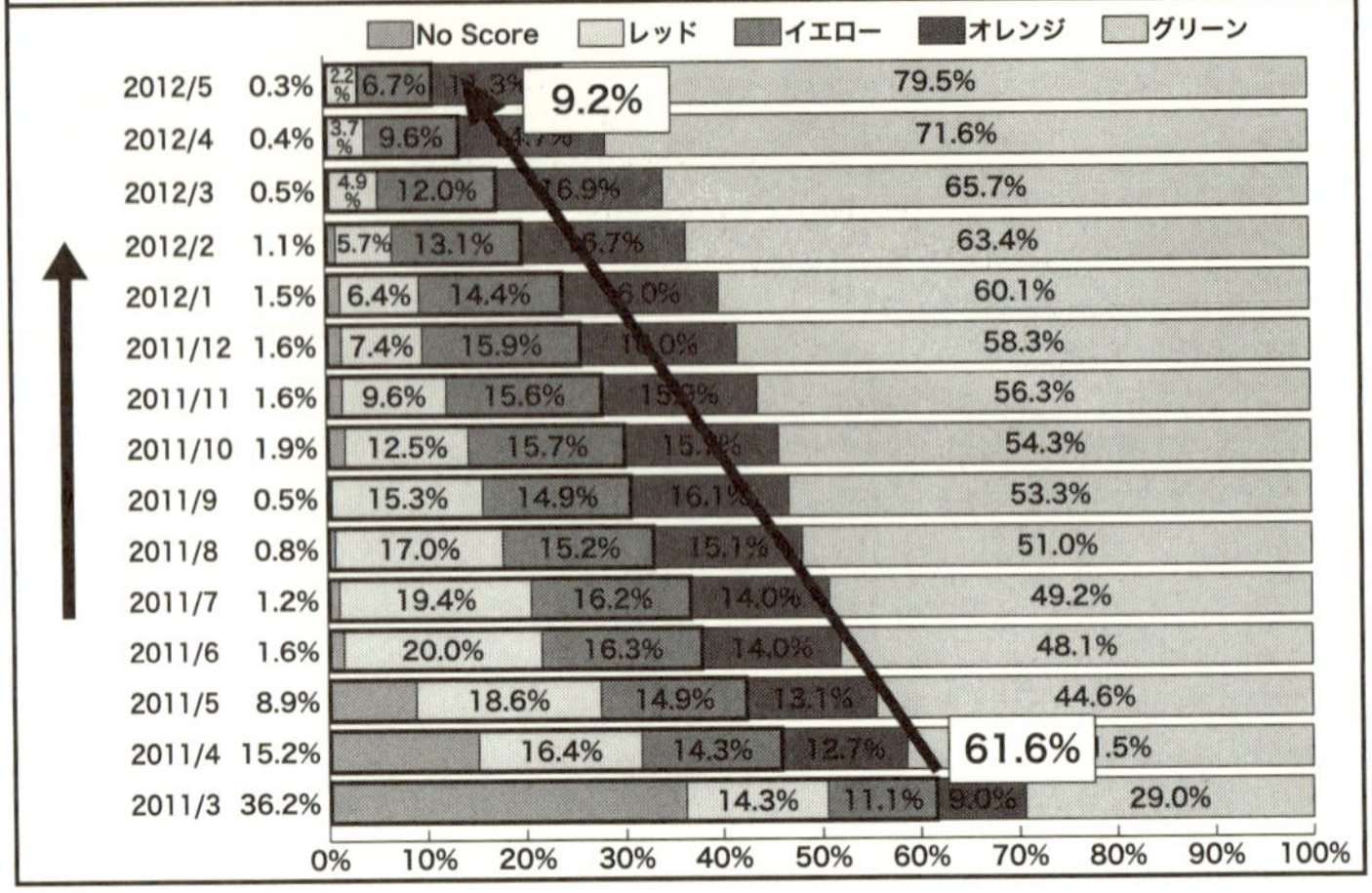

割はまだ達成していないことになる。100%ターゲットスコアを達成し、書類、会議、社内コミュニケーションのほぼ100%英語化している事業部がある一方、若干ターゲットスコアに届かない社員を抱え、書類、会議、社内コミュニケーションの英語化に苦労している事業部もある。

このような状況を考慮して、社内公用語の英語への移行も、部署単位で例外をもうけるなど、柔軟に対応したいと考えている。

7月を境に、公式には楽天の社内公用語は英語となるが、これまで通り、段階的に、しかし着実に英語化を進めていく。

ただし、7月以降、社内会議を日本語で開く場合は、僕の承認を得なくてはいけないことにする。もしかしたら会議の数が激減するかもしれない。それはそれで生産性の向上につながっていいと思っている。英語による会議は今のところ全体の72％程度だが、7月から1年程度かけて100％まで上げていきたい。

■「聞く・話す」が課題

英語化プロジェクトの一環として社内広報チームが、2012年2月28、29日に楽天本社、仙台支社、大阪支社、福岡支社で、「現在のあなたの英語スキルで、対応可能なシチュエーション」についてアンケート調査を実施し、360名から回答を得た。その結果を紹介しよう。

訊ねたのは次の12項目だ。

「挨拶・自己紹介を口頭で行う」「レポートや共有情報を読んで理解する」「定例レポートを作成する（日報など）」「メール応対を行う」「会議やプレゼンの資料を作成する」「飲み会やランチでフランクに会話する」「資料を使ってプレゼンテーションを行う」「口頭で上司の指示を受け、理解する」「電話対応を行う（取次ぎ、伝言を受ける）」「口頭で部下へ業

図8：社員の英語スキル

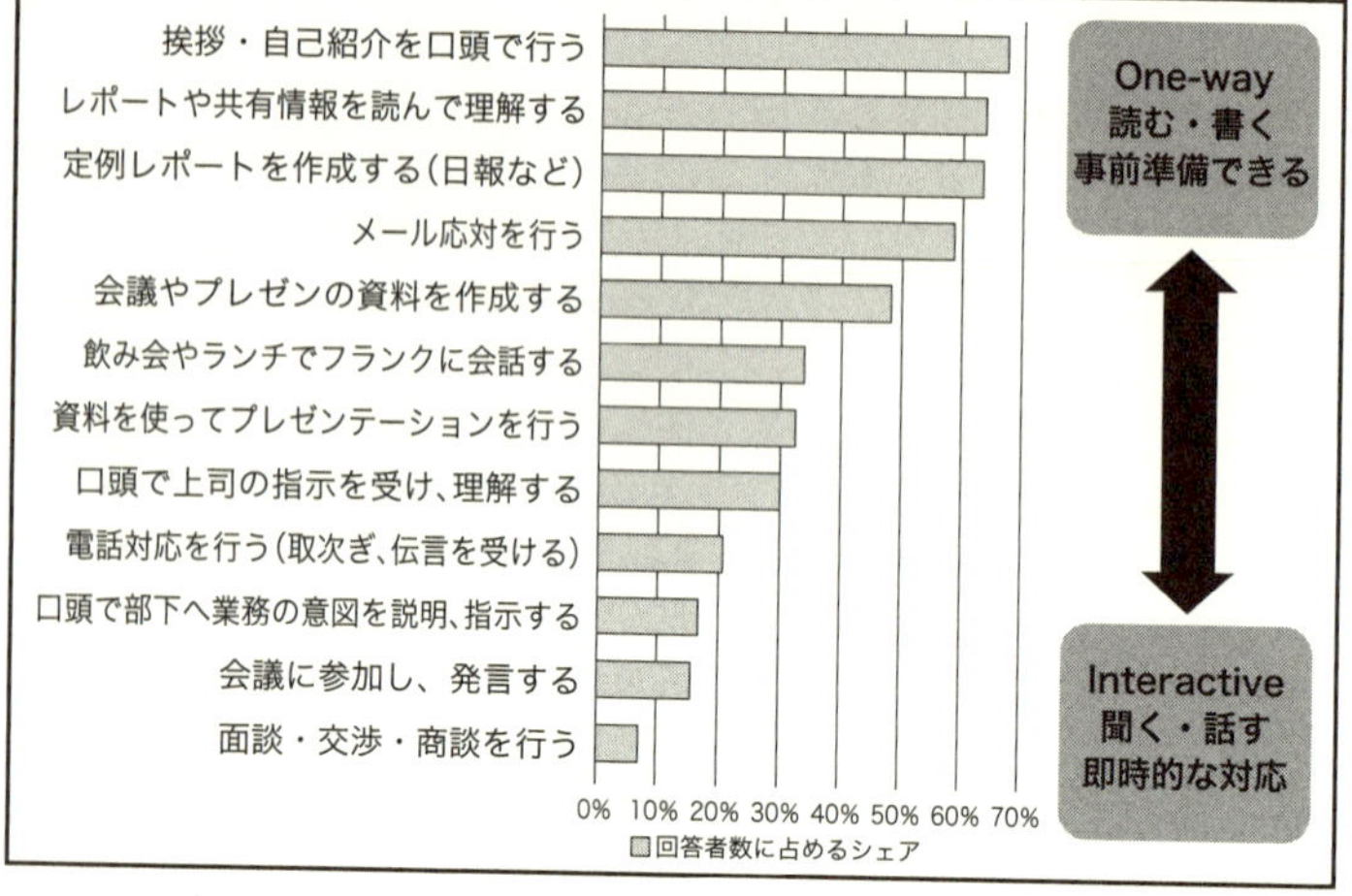

務の意図を説明、指示する」「会議に参加し、発言する」「面談・交渉・商談を行う」

図8にアンケート調査の結果を示す。上の項目のシチュエーションほど、事前準備ができる度合いが高く、下の項目のシチュエーションほど、即時的な対応が必要とされる度合いが高い。図に示されているように、自己紹介、日報作成、メール応対など、一方通行で事前準備ができるシチュエーションに関しては「できる」とする回答が多い。一方、会議での発言、電話応対、上司・部下との業務上の会話など、双方向で即時的な対応が必要なシチュエーションについては苦手な人が多いという状況が明らかになった。「読む・書く」はできるが「聞

図9：全体とグリーンゾーン社員との比較

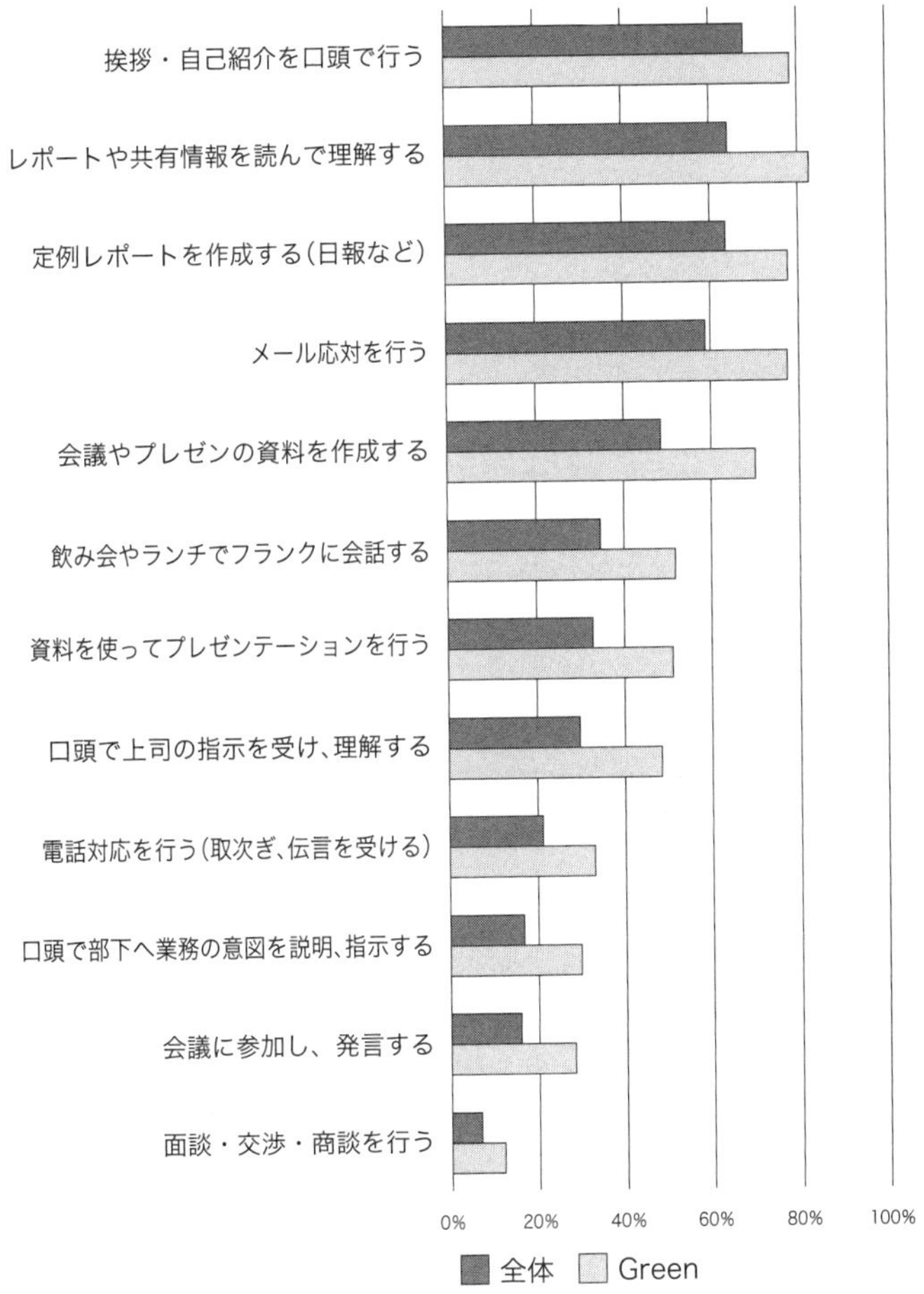
挨拶・自己紹介を口頭で行う
レポートや共有情報を読んで理解する
定例レポートを作成する（日報など）
メール応対を行う
会議やプレゼンの資料を作成する
飲み会やランチでフランクに会話する
資料を使ってプレゼンテーションを行う
口頭で上司の指示を受け、理解する
電話対応を行う（取次ぎ、伝言を受ける）
口頭で部下へ業務の意図を説明、指示する
会議に参加し、発言する
面談・交渉・商談を行う
0%
20%
40%
60%
80%
100%
全体
Green

く・話す」はまだまだできていないということだ。

TOEICのターゲットスコアを乗りこえることで、ある程度、英語の基礎力は身についていると考えられる。しかし、リスニング、スピーキングの能力はじゅうぶんとは言えない。

TOEICのターゲットスコアをクリアしたグリーンゾーンの社員に絞っても、同じ傾向が見える（図9）。「読む・書く」に関しては70％以上の人が「できる」と回答しているものの、「聞く・話す」はやはり苦手なようだ。

したがって、7月以降も、英語化プロジェクトはつづくことになる。最終的には社員全員がTOEICで800点を超え、実用レベルのスピーキング、ライティングの力をつけていかなくてはならない。これからさらに2～3年かかるだろう。そのレベルに達すれば、日本語も英語も自由自在に切り替えられる状態になっているはずだ。

■英語の得意な人が評価される？

「英語の得意な人が評価され、仕事ができるのに英語はできない人は評価されなくなるのではないか」と言われることがよくある。

TOEICスコアが昇格要件に組み込まれているくらいだから、楽天では英語の得意な人が評価されるんじゃないかと思われるかもしれない。しかし、英語はあくまで昇格要件の一つに過ぎない。

英語だけできても無能な政治家や仕事のできないビジネスマンは多くいる。ただ一方で、ビジネスセンスのある人は元々英語を勉強している人が多い。また、仕事ができる人はタイムマネージメントもしっかりしているし、地頭が良かったり、ロジカルだったりすることが多いので、いままで英語はやってなくても、英語を集中して勉強してもらい、使う環境に置いてやればできてしまう。また、学生時代などに何かに集中して何かしらやり遂げてきた経験のある人ほど、英語の習得が早かったりする。

英語化プロジェクトを進めるうちにわかってきたことがある。

それは、英語力が特殊な能力ではなくなるということだ。みんなが英語をしゃべれるようになるので、それまで英語が得意で目立っていた人も、周囲に埋もれて目立たなくなってしまうからだ。

英語のコミュニケーション能力のおかげで、うわべをつくろってきた人は、英語ができる人ばかりの環境では、通用しなくなるだろう。うわべははがされ、仕事の実力によって評価されるようになる。

結局、英語は基本的なコミュニケーションツールに過ぎない。たかが英語なのだ。

かつて日本人が習得すべき基本的ツールは「読み・書き・そろばん」とされた。しかし、今や「読み・書き・そろばん」は「読み・パソコン・英語」に置き換わっている。昔、タイプライターを打つことが主務の専業職があったが、いまはパソコンにとって代わられている。パソコンも、英語も、基本的ツールの一つなのだ。

ツールである以上、使いこなせないと話にならない。

この場合、英語の上手下手は重要ではない。通じればじゅうぶんなのだ。大事なのは、細かい文法ミスは気にせず、とにかく英語で伝えようとする姿勢だ。

みんながある程度、英語を話せるようになると、もはや英語力自体は問題でなくなる。本当に重要なのは、その人の専門知識であり、ノウハウであるということが際だつようになる。

これは英語化プロジェクトを進めてみて、改めてわかったことだった。

■日本にいながらメジャーリーグで試合ができる

２０１１年２月以来、楽天の開発系の執行役員６人中３人は、外国人だ。彼らは日本語を話せない。新たにエンジニアを採用する際も、彼らは、そのエンジニアが日本語を話すかどうか一切考慮しない。言語能力に関して問われるのは英語のみ。日本語の縛りを取り払ったおかげで、国籍に関係なく豊かな専門知識とノウハウを持っている人材を雇い入れることが可能になった。

国籍を問わず優秀な人材をとる採用方針に変えたところ、２０１１年の新卒採用のうち約３割は外国人となった。２０１２年の新卒採用も秋採用を入れて３割程度は外国人になる予定だ。中途採用でも外国人比率は増えつつあるし、買収等で増えている海外子会社の社員は当然外国人だ。

海外展開を進めるとき、日本人だけで世界を相手に戦えるだろうか。外国人枠の定められた日本のプロ野球と、そういう枠のないメジャーリーグの差を比べてみれば、その答えは明らかだろう。世界中から優秀なプレーヤーを集められるメジャーリーグのほうが強いに決まっている。

企業も同じだ。外国人枠のような縛りを作らず、世界中から優秀な人材を集められる企業が、そうでない企業より強いのは当たり前である。

優秀な外国人がどんどん会社に入ってくることによって、日本にいる日本人社員はこれまで以上に厳しい競争環境にさらされることになる。

それは辛いことかもしれない。しかし、前向きにとらえることもできる。日本のプロ野球チームに所属していながら、メジャーリーグでも試合ができるような状況をイメージすればいいかもしれない。ワクワクしてこないだろうか。

同じことは、日本人以外にもあてはまる。どこの国の野球チームに所属していても、同じリーグで戦えるようになる。それを可能にするのが英語だ。

一方で、当然だが、外国人であったり、英語だけできる人材であればよいというわけではない。英語だけできればよいのであれば、外から必要な人材を補充するだけなので英語が得意な人や外国人を雇えばよいということになる。しかし、いま楽天に必要な人材は、楽天主義に共感してくれるとともに、戦略的思考を備えた自立型のグローバル人材である。

こうしたグローバル人材となると、外からだけではなかなか難しい。一方で既存の社員全員がこうした要件を満たしているかと言えば、そうとも言えない。

今、全社をあげて取り組んでいる社内公用語英語化は、こうした人材を社内でも育てていこうという取り組みであり、また社内を英語化することにより社外・海外からも優秀な人材を受け入れやすくする施策である。

買収されて楽天に入ってきた優秀な人材のリテンションにもつながる。社内の共通言語を英語にすることで、海外子会社社員や海外からの就職希望者にとっても、開かれたキャリア形成の機会を提供し、多様なバックグラウンドを持つ優秀な人材を維持・獲得するという狙いがある。

■社員の声　1

ここで社内報で紹介された社員たちの声をいくつか紹介したい。現場で、楽天の英語化がどのように受けとめられているのか、ヨコテンがどのように進められているのかを知っていただきたいからだ。

2011年にアメリカの楽天子会社であるBuy.comへ転勤した楽天市場営業部のU。

転勤が決まったときはびっくりしました。もともと海外転勤を希望しておらず、英語も得意ではありませんでした。アメリカには旅行でも行ったことがなかったのです。そんな自分が、海外で働くなんて、想像もしていませんでした。

定型文を覚えておけば、ある程度会話はできます。たとえば週明けには必ず「週末はどう過ごしたのか？」と聞かれるので、週末のできごとを英語で伝えられるようにしています。しかしビジネスの会話は定型文では対応できません。ですから仕事の場面では、わかったふりをせずに、わかるまで何度も聞き直しています。それでもわからないときは文字にしてメールで送ってもらうこともある。自分が説明するときはホワイトボードやノートに絵や図を描いて説明するなどの工夫をしています。

アメリカに来て、視野が一気に広がった気がします。日本の楽天市場の成功事例がまだまだ世界で展開できていないことを痛感しますし、危機感すら覚えます。

楽天市場の特集ページの制作に携わっていた編成部の女性社員Oは、2011年に国際部へ異動した。

英語は得意ではなかったので国際部への異動を知ったときは驚きました。最初にタイの（楽天子会社）TARADへ行ったときは質問されても、うまく聞き取れず、こちらの伝えたいことも伝えられない状態でした。

国際展開に関わる仕事は特別な人がやる仕事だと思っていましたが、いま私がやっていることは編成部でやってきたことを整理して、海外のグループ会社に伝えるということ。変わったのは言語だけで、日本でやってきた仕事と変わりはないと思っています。だって同じ人間同士ですから。

現地スタッフに、ページ制作の手順や、分析方法について伝えると、彼らは必ず「なぜ？」と質問を投げかけてきます。彼らに聞かれてはじめて、自分でもその理由を明確にしていないことに気づかされました。海外の仲間と仕事をするときには、こうした質問にきちんと向き合うこと、「とりあえず、そういうルールだから」ではなく、自分の言葉できちんと説明することが大事だと思います。

前項でも少し触れたが、英語さえできればよいのであれば、英語のできる社員や外国人を雇えば済む話だ。しかし、楽天英語化の主眼の一つは、日本で培われた楽天のノウハウを世界に伝えるところにある。そのためには日本人が英語を身につけて、海外へ出て行く必要がある。

実は、僕らは、英語が苦手だけど国内営業で優秀な社員を、意識的に海外に送り込んでいる。

英語が苦手なのに海外に派遣されて驚いたというような反応があるのは、そのためだ。英語ができるだけで仕事のことは何もわかっていない社員よりも、英語が多少つたなくとも、伝える内容をしっかり持っている社員のほうが有用だからだ。

逆のケースもある。外国籍の社員が日本にやってくるケースだ。

楽天市場営業部の男性社員F。彼の部署では、ある日、突然マネージャーがカナダ人に替わった。それから半年後のFの話だ。

マネージャーがカナダ人に替わったのが、あまりに突然のことで、とても驚きました。それまで英語は勉強していたものの、自分の業務で担当するお客様は日本の店舗様。実際に業務で使う機会はなさそうだと思っていたので、まさか、こんなに早く英語を日常的に使うようになるとは考えてもみませんでした。新マネージャーに着任の自己紹介で「君たちのレベルアップのために、英語しか話さない」と言われ、とても焦ったことを覚えています。

最初は緊張してなかなか会話もできませんでしたが、彼は明るいキャラクターで向こうからどんどん話しかけてくれるので、すぐに仲良くなりました。私の話すことを理解しようと単語を言い換えるなどフォローをしてくれるおかげで、英語に対する苦手意識もずいぶん軽くなった気がします。部署のみんなも一気に打ち解けて、いままでは英語を教えてもらうかわりに、日本語のジョークを教えたりすることもあります。

彼は自分で納得がいくまでこちらに疑問をぶつけてきます。たとえば「なぜ販売した広告の効果が出ないのか」といった疑問です。そこであらためて広告の効果を検証したり、仕組を説明したりして、議論を重ねることで、目的が明確になったり、新しいアイデアが生まれたりすることもあります。

楽天の社員のうち外国籍は、2010年には約4%だったのが、2011年には約7%に増加した。国籍の種類は約30ヵ国で、アジア圏が最も多い。国内外の子会社を加えて楽天グループ全体だと、2011年末時点で（海外配属の日本人も一部含む）約23%が海外で働いている。

外国籍社員が配属される場所は、海外子会社や海外展開が進んでいる部署とは限らない。顧客が日本人である場合があるので、日本語を話せない外国籍の社員には、日本語トレーニングを受けてもらっている。

2011年10月の秋採用で入ってきた新卒では、70%以上が外国籍の社員だった。次に紹介するのは、その研修を任されることになった人事部育成担当の男性社員Kだ。

育成担当になるまでは、業務で英語を話す必要に迫られることはありませんでした。留学経験もありませんし、受験対策の英語しか勉強していません。昔の私は、どちらかというと「日本に来る外国人は、日本語を話すべきだ！」と言い張っていたタイプでしたね。しかし業務で英語を使うようになって、それまでの日々とは一転、毎日が英語漬けになりました。

新卒のみんなは積極的で、研修中は絶え間なく質問が飛び交います。最初のころは、質問内容が理解できずに、その場で対応できないことがほとんど。アメリカ国籍の同僚に助けてもらうことが多かったですね。

質問の意図がわからないときは、簡単な単語に言い直してもらったり、質問内容を紙に書いてもらったり、メールで送ってもらったりと時間をかけて、一つ一つ対応しました。また自分なりに『フレーズ集』をつくって、研修で使う英語をまとめました。たとえば、「今日はここまで」という場合は「So much for today」、「席は好きな場所に座っていい」という場合は「Free seating」など、自分だけのフレーズ集ができました。

次第に彼らとの会話も弾むようになり、研修中に笑いを取る余裕も少しずつ出てきました。大変な日々でしたが、1ヵ月の研修の荒波にもまれたことで、大きく成長できた実感はあります。

■社員の声　2

エンジニアの間では、2010年に社内公用語英語化の準備期間に入る前から、「英語が必要だ」という共通認識があった。インターネットの技術に関する情報は欧米、特に圧倒的にアメリカ発の情報が多く、まず英語で発信されるからだ。

たとえばアメリカで、ある先端技術に関する教科書が出版されたとする。それが評価の高い教科書であった場合、日本語に翻訳されることになるわけだが、翻訳作業にだいたい1年から2年かかる。2年も経つと世代交代してしまうインターネットの世界でその時間的ギャップは非常に大きい。

楽天は、メーカーではなくサービス企業でありネット企業である。外資系企業の日本支社ではなく、これからどんどん海外へ出ていき、世界一のインターネット企業になることを本気で目指している。キャッチすべき最新のテクノロジー情報のほとんどが英語で発信されているのに、翻訳を待っていては遅すぎるし、翻訳されない情報もある。

したがって、インターネット技術でグローバルな競争力を付けるには、最低限、英語を身につけておく必要があるのだ。

プログラミング言語「Ｒｕｂｙ（ルビー）」の開発者で、楽天技術研究所のフェローでもある、まつもとゆきひろ氏は「これまでの日本のＩＴ（情報技術）業界で、英語を使わずに仕事ができていたことが異常だったのかもしれない」という。

「米国だけでもＩＴ技術者は日本の10倍はいると言われ、欧州のＩＴ技術者もかなりの割合で英語を使える。そのため、ＩＴの先端情報は９割近くが英語で発信されているのが現状だ。

一方で、日本のＩＴ技術者はあえて英語を学ぶ必要がなかった。難解な技術情報でも、誰かが翻訳してくれるからだ。コンピューターサイエンスの専門書が『英語以外』で読めるのは、恐らく日本だけだろう。（略）

日本のＩＴ技術者は、世界の中でも非常に恵まれた状況で仕事ができていたと認識すべきだろう。逆に、少しでも英語ができれば、国内ではアドバンテージになっていた。

だが、こうした〝箱庭〟のような住みやすさが続くとは思えない。インターネットが普及し、情報の伝達速度が上がったことで、翻訳のタイムラグが致命的な遅れになりかねないからだ」（「日経ビジネス」２０１０年９月13日号）

テクノロジー情報に限らず、英語圏での情報にアクセスできないと、世界で流通している情報量のほんの一部にしか触れられない。日本のニュースにしか触れていないと、世界でいま何に注目が集まっているかなどタイムリーにわからないことが多い。逆方向も同じだ。情報の発信という意味でも、英語で発信しなければ世界には流通しないのだ。

さて、楽天のエンジニアの声を紹介しよう。

英語公用語化の取り組みが始まる以前から、もともと「海外で働きたい」と思っていた広告プラットフォーム開発グループに所属する男性社員Sは、英語を身につけることによって、海外エンジニアたちから大きな刺激を受けているという。

ニューヨーク勤務のLinkShare（2005年に楽天グループ入りしたアメリカのアフィリエイト広告会社大手）の社内公募があり、すぐに応募しましたが、面接で役員から「技術面は問題ないが、英語力が不足している」と指摘され、選考に漏れてしまいました。それが本当に悔しくて、英語の勉強に火が点きました。結果、2004年に530点だったTOEICのスコアが、2011年5月に830点まで伸びました。

英語を学んだおかげで海外のエンジニアとコミュニケーションがとれるようになってきました。

Twitterを使って、外国人に質問を投げかけたら、「一度会社に来ないか?」と返事が来たこともあります。その後、オーストラリアに旅行した際に彼の勤めるシドニーの会社を訪問し、エンジニアスタッフと意見交換をしました。非常に興味深い話をたくさん聞けましたし、日本のエンジニアの技術力は海外でも通用すると確信できました。

サンフランシスコの楽天のオフィスに出張していたときには、楽天以外のエンジニアたちとも交流を深めることができました。オフィス周辺に、Facebook、Twitter、ブラウザFirefoxをつくっているMozilla、Wikipediaの運営元であるWikimedia Foundationなど有名なIT企業のオフィスがたくさん立ち並んでいます。夜には有名企業のエンジニアが数多く参加する勉強会が頻繁に開催されていて、誰でも参加することができます。彼らと話していると、日本のエンジニアは「このままではやばい」と強く感じます。

FacebookやTwitterのエンジニアたちは過去に例がないような新しい技術に貪欲

に挑戦しています。そして新しい技術でつくったサービスがある程度軌道に乗ったら、また次の新しいことにチャレンジする。そういうエンジニアとは別に、サービスの運用を自動化したり、運用効率を上げたりするための専属エンジニアもいる。それに対して、楽天のエンジニアは、サービス開発と運用の両方に時間が割かれる状態にあり、結果としてコストがかさむ原因になっていると思うのです。

一方で、楽天がこれまで試行錯誤をして培ってきたサービスの運用ノウハウは、世界レベルでもかなり高いと思います。サービスに対する高いマインドは、海外のエンジニアたちに負ける気はしませんでした。したがって、これから重要になるのは、楽天グループ内の海外エンジニアたちにも、その高いマインドを知ってもらうこと。そのためにも英語が必要だと思っています。

■エバンジェリストとアンバサダー

僕が考えるM&Aのポイントには、①なんらかの資産を買う（トラフィック、ブランド、マネジメントチーム、製品）、②自分たちだけでは作れないもの、枠組みを買う（クレジットカード、銀行）、というのがある。今後、海外での買収は増えていくだろう。海外企業を買収するとき、日本の本社がいかにグローバル化されているかが買収の成否に関わってくることもある。買収後に彼らをインテグレーションし、シナジーを最大限発揮してもらうためにも、本社のグローバル化は欠かせない。

企業の買収において、どんな企業を買うかということ以上に重要なのは、買った企業をいかに価値あるものに変えていけるかということだ。したがって、買収後も、買収前と同じくらいのエネルギーを注いで、ＰＭＩ（買収後の経営統合）を促進していかなければならない。

そのため僕は、「エバンジェリスト」と「アンバサダー」という2つの役職をつくった。いずれも海外子会社で、楽天のビジネスモデル、楽天流の経営手法・事業運営手法を定着させるために設けた役職だ。

エバンジェリストとは伝道師のことだが、もちろんキリスト教を教え広める活動に携わるわけではない。楽天市場営業（ＥＣコンサルタント）、楽天大学、マーケティング、デザイン、編成などの機能を熟知した専門家が自ら動いて、各国、各地域へノウハウを伝えていくのが楽天のエバンジェリストだ。

たとえば、イギリスの楽天子会社Play.comへエバンジェリストとして派遣された楽天市場編成部の男性社員Iが、イギリスに行ってまず取りかかったのはPlay.comの分析だ。

「時間別の売上票や、訪問者数など、楽天市場で培った方法で分析しました。その上で、楽天市場が行っている企画のうち、Play.comの現状に合う企画をいくつか進めました。その一つが『タイムセール』です。分析結果から、Play.comでは特定の曜日・時間帯に売上がピークになることがわかった。そこでこのタイミングを狙って、タイムセールをしかけたところ該当商品の売上は前日比13倍アップ。これまで時間別の販売推移を分析することのなかった現地メンバーも驚いてくれました」

エバンジェリストは、楽天のさまざまなサービス機能を国をまたいでヨコテン（横展開）して、全世界均一化させていく役割を負っている。それに対して、大使を意味するアンバサダーは、特定の地域を深く理解する専門家であり、ヨコテンの内容が、担当するエリアの地域特性に合うのかを判断し、ヨコテンに値しない場合は止め、推奨できる場合は進めるという役割を負っている。アンバサダーは、国や地域ごとに配置され、基本的にそこから動かない。各地域のトップおよび本社と連携しながら、各社における全般的な改善を推し進めていく役割を担う。

楽天の培ったノウハウを海外に注入するだけではない。海外の成功事例を日本の楽天市場に逆輸入するケースもある。アメリカの楽天子会社Buy.comが提供するインターネット上のテレビ通販番組「BuyTV」や、オンラインショッピングを友人と同じ画面を見ながらチャットして楽しむことのできる「Shop Together」などは、海外開発チームと連携して日本の楽天市場に移植したサービスだ。

エバンジェリストもアンバサダーも、その役職に就いた社員の大半は、英語はもともとあまりできなかった人たちだ。しかし、今では平然と英語でのコミュニケーションをしている。

共通言語がなければ、このようなヨコテンを実現することはできない。そのための社内公用語英語化だった。

■社内SNSも英語に

楽天は、社内専用のコミュニケーションツールとして「Yammer（ヤマー）」を利用している。社員だけが投稿できるTwitterあるいはFacebookのようなもので、社内イントラ環境や部署を越えた情報共有が可能だ。

Ｙａｍｍｅｒが社内コミュニケーションの活性化を目的に楽天に導入されたのは２０１０年8月だったが、エンジニアを中心に一部の社員でしか使われない状態がしばらくつづいていた。社員全体に普及したのは、２０１１年4月末である。

きっかけは同年3月11日の東日本大震災だった。緊急時の連絡網として、連絡チャネルを増やすという目的もあり、従来の携帯やパソコンのメール、社内イントラの情報欄に加え、社外からもアクセスできるＹａｍｍｅｒをもっと活用することにした。

3・11を境に、社員全員にＹａｍｍｅｒへの利用登録を指示したため、利用者は急増した。震災後の混乱状態の中、「今日は自宅待機してください」とか「今日は何時までに出社してください」といった会社からの連絡、交通情報、原発事故情報などが、既存のチャネルに加え、Ｙａｍｍｅｒを通じても日本語と英語で社員に伝えられた。特に日本語が母語でない外国人社員にとっては貴重な情報源だったようだ。

それまでＹａｍｍｅｒでは日本語による投稿がほとんどだった。しかし震災後、2〜3週間して東京がようやく正常化してきた頃、僕は朝会で、社員全員にＹａｍｍｅｒへの利用登録を促し、さらに、こう言った。

「英語で投稿するように」

震災のような緊急時の連絡は、ビジネス業務外のことなので日本語と英語を使うことになるが、使用言語を英語に限定したのは、本来の導入目的であった、部署や国境を越えた社内コミュニケーションの活性化に、あらためてＹａｍｍｅｒが非常に有効だと実感したからだ。

10月10日午後11時48分、楽天の海外子会社であるタイのTARAD Dot Comの社員から、Ｙａｍｍｅｒに「Dear all Rakuten friends（親愛なる楽天の友人たちへ）」からはじまる文章が投稿された。洪水被害が深刻度を増していたタイへの援助を呼びかける内容だった。

この呼びかけに応え、楽天銀行担当者から義援金受付口座を開設すると返信があったのは、翌朝7時25分。その3日後、10月14日午後3時から、楽天銀行でタイ洪水支援の募金が開始された。日本だけでなく、アメリカ、フランス、ドイツなど各国の楽天グループに支援の輪は広がっていった。

このような迅速な支援活動を展開できたのも、部署も国境も越えたコミュニケーションがあったからこそだろう。そのコミュニケーションを可能にしたのが、Ｙａｍｍｅｒであり、英語だったと思う。いまでは、いろいろなグループやトピックがＹａｍｍｅｒ内に立ち上がり、新規サービス開始の告知や業務の改善案、オフィスや海外出張先などでのちょっとした話題など、さまざまな情報共有に利用されている。

Ｙａｍｍｅｒは、社員同士の議論の場でもある。議論のテーマはいろいろだが、あるとき、僕の朝会での発言に対して、"I don't agree..."（私は賛成しません）というコメントから始まる投稿をした社員がいた。

僕は、いつも「意見があったら、何でも言ってくれ」と社員たちに言っている。耳の痛い意見でもちゃんと聞くリーダーの態度が、組織にとって大切だと考えるからだ。

しかし、現実には、このようにズバッと「私は賛成しません」という社員はほとんどいない。おそらく日本語ではっきり「私は賛成しません」とは言いにくかったのだろう。どうしても日本語だと、反対意見を持っていても、遠回しな言い方になりがちだからだ。

英語のほうが議論がしやすい面がある。実際、Ｙａｍｍｅｒでは、"I don't agree..."の投稿について、国内と海外を問わず、多くの社員が参加して、賛否両論、活発な議論が展開された。リーダーに対しても、あるいは上司に対しても、社員一人一人が自分の意見を表明し、議論ができる。英語化は、そういう風通しのいい組織作りのきっかけとなり、社内コミュニケーション活性化の起爆剤としても一役買っているのかもしれない。

■たかがツール、されどツール

英語はツールに過ぎないと述べた。ツールという意味では、英語とパソコンの間に、たいしたちがいはない。経営者が社員全員に「今後、業務にパソコンが必須なので、パソコンの操作を覚えてください」と通達するのと、「今後、業務に英語が必須なので、英語を使えるようにしましょう」と通達するのはまったく同じレベルの話なのだ。インターネットサービス企業にパソコンやインターネット通信回線が必要であるのと同じように、グローバルなマーケットに参入しようとしている企業には、世界中の社員が使うための共通言語としての英語が必要なのだ。

もちろん英語を使えるようになるのは大変だが、やはりビジネスのためのツールという位置づけは変わらない。「業務にエクセルを使うので、エクセルを使えるようにすること」「業務にｅメールを使うので、ｅメールを使えるようにすること」というのとも何ら変わらない。そしてパソコン、エクセル、ｅメールそのものが大事なのではなく、これらを使って何をするのかが大事という点も、英語と同じだ。

しかし、たかがツール、されどツールである。

英語をツールとして使うことで、コミュニケーションのスタイルや論理的な思考形式に、良い影響を与えているところもある。

その一例が、先ほど紹介した社内SNS「Yammer」における活発な議論だ。英語だからこそ上下関係を越えた議論に発展したのだと思う。

また、英語で話すことによって自然と論理的な話し方を意識するようになっている面もある。楽天では元々、結論を先に述べてから、結論に至る理由を3つ述べるという話し方のスタイルを社員たちに推奨してきた。英語化する前から、すでに英語的な話し方が社員には求められていたということだ。

結論を持たないとビジネス上の会話はできない。英語で話すことで文法構成上も、より自然とそうしたスタイルとなるだろう。ビジネス上の会話だと、簡潔さや論理性が求められるが、日本語だとどうしても曖昧になってしまう傾向があった。

しかし、実際に英語に切り替えることで、社員たちは、ビジネス会話における日本語の曖昧な部分を、あらためて認識したという。英語に限らないのだろうが、外国語の習得は、母語を見つめ直すきっかけにもなる。

僕は、外国語を操ることによって、発想を豊かにする効果があると考えている。

サピア＝ウォーフの仮説（言語的相対論）という有名な学説がある。ある部族が使う言語には、青と緑を区別する言葉がないという。そんな彼らに青と緑を見せると、同じ言葉で表現する。僕らはすぐに青と緑を識別できるが、彼らはまったくできないわけではないが、識別に時間がかかる。このことからわかるのは、概念が言語によって規定されているということだ。概念は言語に縛られていると言ってもかまわない。

そうであるなら言語を切り替えることによって、概念を多面的にとらえることができるだろう。外国語を使うことで、自分の頭にある概念を疑い、別の角度から検討しやすくなる。それは新しいオリジナルなビジネスを生みだす上でも、必ず役に立つと思う。

■楽天の誕生と英語

楽天の基本的なビジネスモデルは、僕とジョン・J－H・キムという韓国系アメリカ人との議論の中から生まれている。

ジョンは、ハーバード・ビジネス・スクール（HBS）で僕のクラスメートだった。H

BS卒業後も交流はつづき、酒を飲みながら夜遅くまでビジネスプランを語り合うこともあった。

巨大企業が次々と地方に進出し、日本中が画一化していく中、どうすれば中小企業や個人商店を元気づけ、多様な消費スタイルを築けるか。そのための戦略を彼と一緒に練り上げていったのだ。

もし僕が興銀時代、英語を必死に勉強して、HBSに留学することがなければ、楽天のようなビジネスモデルは生まれなかったと断言できる。楽天の誕生と英語には深いつながりがあるのだ。

楽天誕生のときだけではない。僕の英語力は、その後の楽天の成長にも大きな役割を果たしていると思う。

今では当たり前になっているポイントシステム「楽天スーパーポイント」も、事前にHBSのマーケティングの教授とも議論した上で、2002年に導入した。

楽天スーパーポイントとは、楽天市場、楽天トラベル、楽天オークション、楽天ブックスなど、楽天が提供するサービスで使えるポイントサービスだ。たとえば楽天市場で買い物をしたときに付与されたポイントを、楽天トラベルでも、楽天オークションでも使うことができる。100円で1ポイントを貯めることができる。

日本人にポイントシステムのアイデアを話すと、なぜか否定的な反応が返ってくることが多かった。しかしHBSの教授には、非常にポジティブで有意義な意見をもらった。ポジティブな意見だけを参考にしたわけではないが、多様な意見を聞くことができ、そのおかげで導入に踏み切れたのだ。

最近でも、アメリカの大手IT企業で要職についている、あるインターネット技術の開発者とは定期的に会っているし、シリコンバレーなどにいるベンチャー企業や大手企業のトップマネージメントとは積極的に直に会って交流する機会を作っている。彼らとの話からは、今ネットビジネスの最前線では何が起きているのか、彼らはどんなことを考えているのかといったことや、アメリカにおけるインターネット技術の最新動向といった、きわめて有益な情報を得ることができる。

英語で直接外国人とコミュニケーションすることで得られる恩恵は計り知れない。このことを僕は身をもって感じていた。これも、僕が楽天の英語化を決めた背景の一つだ。

■僕の英語の原体験

僕は小学2年生から4年生までの2年間を家族とともにアメリカ東海岸のニューヘブンで過ごした。思えば、これが僕の最初の英語コミュニケーション体験だった。

渡米は父親の都合だった。父親は、神戸大学経済学部を卒業後、フルブライト奨学金制度の1期生としてハーバード大学、スタンフォード大学の経済学部で1年ずつ学んだ。帰国後、神戸大学で教鞭を執っていたが、イェール大学に研究員として赴任することになった。

母親は当初、父親だけ単身渡米してもらうつもりだった。当時、僕の姉が中学1年生、兄が小学4年生で、彼らの進学準備が心配だったからだ。宿題はほったらかしで遊び回り、成績も悪かった僕については、仕方がないとあきらめていたらしい。

しかし、母親自身、太平洋戦争前、短い間ニューヨークで暮らし、その経験を幼い頃のいい思い出として記憶していた。それで「日本の勉強の遅れは後でなんとかなる。それより貴重な体験をさせたい」と考え直し、家族みんなで渡米することにしたのだ。

僕が親から教えられた英語は、ワン、ツー、スリー、イエス、ノー、バスルーム。たったこれだけの英単語を教えられて、僕は現地の小学校に放り込まれた。教室にいた有色人種は僕と黒人の先生の2人だけ。残りはすべて白人だった。

子供だから順応性が高かったのだろう。友達もたくさんできたし、すぐに英語も覚えた。父親の任期が終わって帰国したとき、僕の頭は完全に英語化していたが、記憶力が良くないのか、せっかく覚えた英語を、3ヵ月後にはすっかり忘れてしまっていた。

聞き取りテストだけは得意だったが、ろくに勉強をしなかったので、テストの成績は惨めなものだった。結局、興銀に就職する前後の時期に、一念発起するまで、英語を本格的に勉強することはなかった。

しかし、英語によるコミュニケーション能力が、これからの社会では重要になるということは、肌で感じていた。海外から父親の知人の大学教授たちが家を訪れ、社会、経済について活発に議論する様子を、しばしば目の当たりにしていたからだろう。後にアメリカ財務長官、ハーバード大学学長を務めることになるローレンス・サマーズがやってくることもあった。

僕の発想法や思考形態に関して、普通とちがうところがあるとすれば、それは、幼い頃のアメリカ体験と、外国人と触れる機会の多かった家庭環境によるところが大きいのだろう。

インターネットで人は買い物をしないと言われた時代に楽天市場をはじめたのも、日本の企業が社内公用語を英語にするなんて愚かだと言われながら英語化プロジェクトを推し進めたのも、こういったところに遠因があるのかもしれない。

第5章　楽天グローバル化計画

■楽天の次なる目標

数名で立ち上げた楽天は、今や国内外の社員、スタッフあわせて1万人を超す大組織に成長した。

楽天市場や楽天トラベルといったインターネットサービス事業、楽天銀行、楽天証券、楽天カード（クレジット）、楽天Ｅｄｙ（電子マネー）などのインターネット金融事業、また東北楽天ゴールデンイーグルスといったプロスポーツなど、多岐にわたる事業・サービスを展開している。

これら楽天のサービスの多くは、ネット上で共通の楽天会員ＩＤで利用することができ、それぞれのサービス間でも共通に使える楽天スーパーポイントを貯めることができる。

インターネットビジネスを基盤とした、このような循環型経済圏を、僕らは「楽天エコ

図10：楽天経済圏

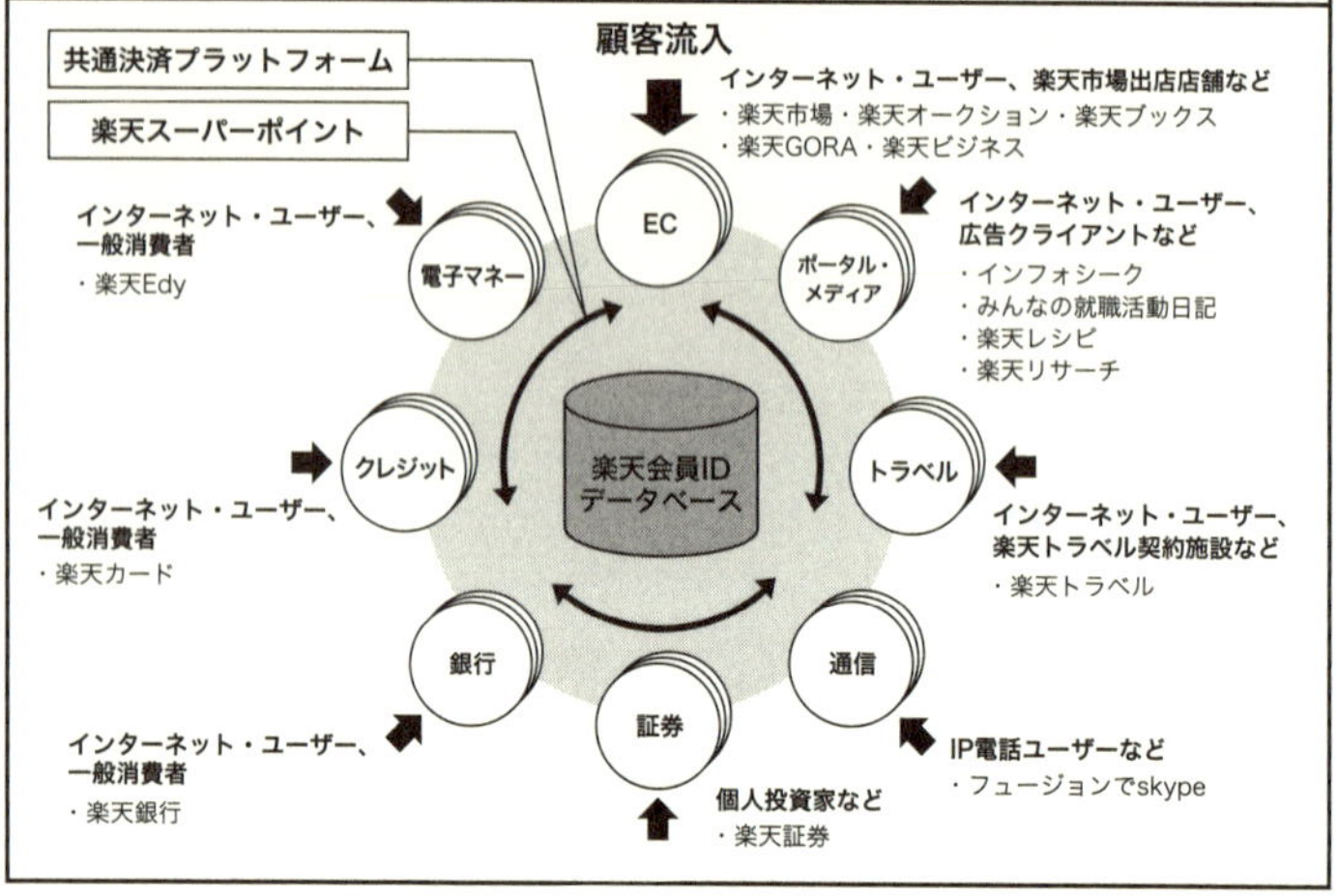

システム」あるいは「楽天経済圏」と呼んでいる（図10）。

2011年12月3日、楽天市場の年間流通総額（出店店舗の楽天市場での売上高の合計。楽天市場での取扱高。楽天ブックスを含む）は1兆円を突破した。1997年5月1日に楽天市場を開設したとき、ひと月の流通総額はわずか32万円だった。それが14年7ヵ月で年間1兆円の大台を超えたのだった。

楽天市場の年間流通総額の増え方を示したグラフが、図11だ。5000億円を突破するのに要した期間は10年7ヵ月だが、次の5000億円はわずか4年で突破したことがわかる。単調に毎年増加したのではなく、増加額そのものが伸びていったのだ。

図11：楽天市場の年間流通総額

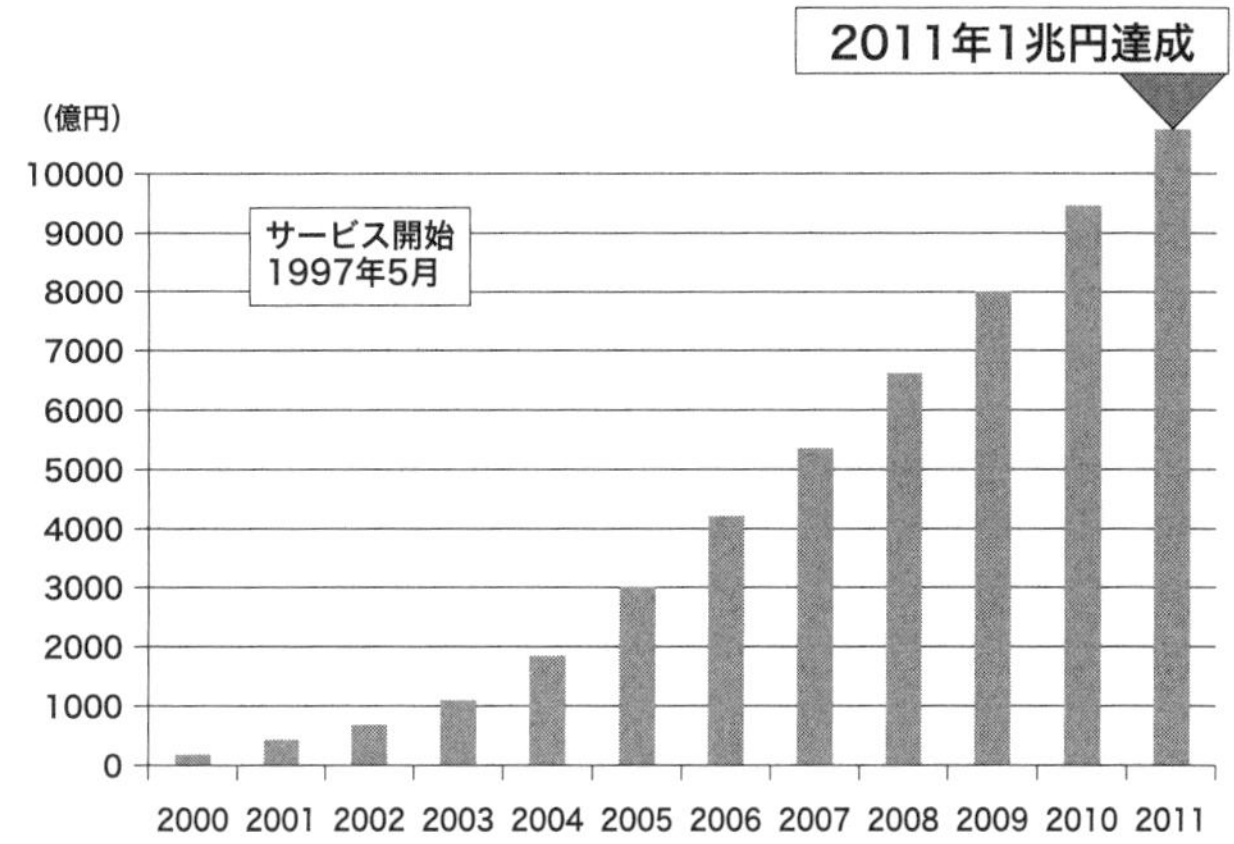

毎年だいたい200億から300億円ずつ増加額は増えていった。2011年の増加額は1700億円だ。この調子がつづけば、今後4年から5年で年間流通総額2兆円に到達するだろう。

それでは楽天市場の次の目標額をいくらに設定するか。僕は、これまで「1・3の原則」に従って、目標額を定めてきた。10万円の次は30万円、30万円の次は100万円、100万円の次は300万円、300万円の次は1000万円という具合だ。必ず1と3に、目標額の節目を置いてきた。3000万円の次は1億円を目指した。

1兆円を達成した今、次なる目標額は、「1・3の原則」に従うなら、3兆円ということになる。しかしこれまでの伸び率を考えれば、3兆円突破という目標は、それほど努力せずとも達成できそうである。

だからもっと大きな目標を立てなければならない。僕は年間流通総額10兆円を次なる目標に定めることにした。

■楽天のユニークなビジネスモデル

10兆円なんてとても無理と思われるかもしれない。僕が2001年に、当時360億円程度に過ぎなかった楽天市場の流通総額を累計で1兆円にすると宣言したときも、誰にも信じてもらえなかった。

しかし、僕は10兆円を突破することは可能だと考えている。

なぜなら、楽天市場のビジネスモデルが、欧米型のインターネットショッピングとは異なる独特の形態を持っているからだ。

欧米型のインターネットショッピングは基本的に直販である。商品在庫の大半を自社が管理し、売りさばくといったものである。

最近では、楽天と似た形態のｅマーケットプレイス（電子商店街）型の運営も手掛けるようなところがでてきているが、こうしたところを通じて商品を販売している店舗は、このマーケットプレイス経由で商品を買ってくれた顧客に対して、アフターフォローの施策を打つことができない。極論すれば、こうしたビジネスモデルは卸売りだ。

楽天市場のビジネスモデルの形態は、これとは大きく異なる。

楽天市場に出店する店舗は３万９０００店以上、登録商品数は９０００万以上だ。そして各店舗の周りには、７６００万以上の楽天会員がファンとして取り囲んでいる。楽天スーパーポイントという仕組もあり、楽天の他のサービスからの流入もある。

楽天に出店する店舗は、顧客に対して、さまざまな施策を打つことができる。メールマガジン配信機能「Ｒメール」やブログ機能「店長の部屋Ｐｌｕｓ＋」で顧客に対して情報発信をすることができ、さらに口コミ・レビュー機能「みんなのレビュー」で、顧客のさまざまな意見を集めることもできる。楽天市場を介して、店舗と顧客が直接つながっているのだ。また、楽天市場への出店者には、ＥＣコンサルタントが付き、随時アドバイスを受けられる。

楽天市場の特徴は、３つのＬであらわすことができる。

1つめは、ライブ（Live）のLだ。楽天市場は、とにかく安ければいいというような単純な価格比較を追求する場所ではなく、楽しんでお買い物ができるショッピングサイトだ。カタログに整然と商品を並べるというのも立派なビジネスモデルにはちがいないが、楽天市場は、何よりも情報の鮮度を大事にしている。つまり、一つ一つの店舗がよりライブ（生）に近い形で消費者とコミュニケーションをとれる仕組があるという点に、楽天市場の大きな特徴がある。

2つめは、ロングテール（Long Tail）のLだ。従来のようなリアルな店舗では、棚に並べられる商品数に物理的な制限があるので、売れ筋でない商品はどんどん店頭から消えていった。しかし、ネット販売なら、たとえ一年に1回しか売れない商品でも、サイトで販売することができる。店頭に並べることのできないような滅多に売れない商品も、種類が多ければ、全体として大きな売上になる。このような「塵も積もれば山となる」式の現象をロングテールという。販売数を縦軸に、商品を横軸に取って、販売成績のいい順に左から商品を並べると、恐竜のしっぽのようなグラフが描けるところから、ロングテールの名前がついた。1億近い商品を取りそろえている楽天市場にも、ロングテール現象が見られる。

3つめは、ロングページ（Long Page）のLだ。楽天市場の商品紹介ページの特徴は、他のインターネットショッピングサイトのページに比べて、非常に長いところにある。ウェブページは短いほうがいいとされた時期もあり、楽天市場のごちゃごちゃした長いページは異彩を放っていたが、今ではむしろ楽天以外のショッピングサイトでも、長いページが増えつつある。

■楽天のグローバル化戦略

楽天市場のような特徴を備えるeコマース事業は、世界中どこを探しても他にはない。僕は、この独特なビジネスモデルを、グローバルに展開していけば（もちろんマーケットに応じじローカライズも必要だ）、将来的には楽天グループ全体のeコマース事業では年間流通総額20兆円も達成できると考えている。

２０１２年5月現在、楽天はeコマース事業においては、日本を含む世界10のグループ企業を通じて、13の国・地域でeコマース事業を展開中だ。将来的には27の国・地域での展開を目指している。

eコマース事業だけではない。今後はトラベル事業、金融事業、電子書籍事業でも海外展開が拡大していくだろう。現在のところ、その他のサービスも含めると世界14のグループ企業を通じて、23の国・地域で展開している。

楽天は、数多くの種類の事業、様々な専門分野をもった多様な人材を抱えるようになり、彼らが能力をじゅうぶんに発揮して働けるように、ダイバーシティ（多様性）のマネジメントが重要になってきている。また、楽天の事業規模が拡大するにつれて、面のグローバル化が進み、物理的に分配できる時間と時差の問題も出てきた。いままで僕や一部幹部が担ってきたような役割をもっと委譲・分散化し、グローバル企業としての楽天グループをマネジメントできる体制を整えなければいけない。

今後、たとえば開発はシリコンバレーやインドで、マーケティングはニューヨークでという具合に、今は本社に置いてある機能の一部を海外に分散していくことになるはずだ。

地域本社を設立し、本社機能の一部を海外に分散させるからといって、楽天という会社をバラバラにするわけではない。本社は引き続き日本に置き、「日本発のグローバル企業」を目指している。僕らは２０１２年のスローガンに「新しいグローバルマネジメントを築く年」を掲げ、世界に散らばるグループ企業をあたかも一つの会社のように経営できる体制作りを進めている。２０１２年中には、アジア、欧州、北米にそれぞれ地域本社を設立し、カントリーマネージャーを設置する予定だ。

グローバルで一体感を持った経営を実現するには、密なコミュニケーションが欠かせない。週1回開催している経営会議には、テレビ会議システムを介して、執行役員と世界の拠点トップが全員参加して侃々諤々《かんかんがくがく》の議論をくり広げている。

あらゆる地域、組織をバーチャルに統合して経営できるようになってきたのは、英語化のおかげだ。

しかし、楽天グループの一体感を保つために、一番重要な役割を果たしているのは、実は英語ではない。

■楽天主義を広めるため

社内公用語を英語にすると言うと、「日本語を捨てるのか」とか「日本文化をないがしろにするな」と目くじらを立てる人がいる。もちろん社内公用語を英語にするからといって、楽天は日本語を捨てるわけでも、日本文化をないがしろにするわけでもない。

僕は国家レベルで公用語を日本語から英語にしてしまえと主張しているわけではまった

くない。日本人にとって日本語が大切なことは言うまでもない。しかしグローバルビジネスを展開する上では、すでに英語がビジネス公用語になっているのだから、英語を使えるようにしようと言っているに過ぎない。国家レベルの公用語とビジネス公用語は区別して考えるべきだ。

また、先に触れているとおり、楽天が社内公用語にしようとしているのは、グロービッシュである。グロービッシュの提唱者であるジャン＝ポール・ネリエールによると、グロービッシュを話すことは、英語による文化的な侵略から自分たちの言語や文化を守ることにもなるという。母語である日本語の習得も大事である。話す内容を持つことも大事である。同時に、今後否応なくさらされるであろうグローバル競争においては、ビジネスツールとしての英語力を持つこともやはり大事なのである。

楽天の英語化は西欧化ではない。むしろ僕は、楽天の英語公用語化を、日本文化や日本人の良い点を世界に広めるきっかけにしたいと思っている。

日本人のチームワークの細やかさ、客を歓待する「おもてなし」の心は、世界に誇るべき長所だ。日本で成長していくうちに自然に身についた、こうした美点を、英語を使って、世界に伝えていくのだ。英語化（Englishnization）の取り組みは、実は世界における楽天のサービスレベルを日本化（Japanization）する手段を持つという側面もある。

また、英語はあくまで社内におけるコミュニケーションツールという位置付けだ。海外現地はさらに現地でのビジネスのために現地語を使えることが必要になってくる。海外から日本に来てもらっている社員や海外子会社のマネジメント層には、逆に少し日本語を勉強してもらっている。日本の良さであるとか「おもてなし」の精神といったものを言語学習を通じて学んでほしいからである。

楽天が、海外展開する上で、重視しているのも、楽天らしさを世界に広めることだ。

楽天は、「楽天主義」という指針を持っている。これまで何度か触れたとおり、楽天主義は、楽天の経営理念やグループ社員が規範とすべき行動指針だ。

楽天主義こそ、各国の楽天グループをまとめ上げる最も重要な指針であり「共通言語」なのだ。楽天主義は英語版もあり、グローバルで共有されている。

楽天主義は、「行動規範8ヶ条」、「楽天グループ企業倫理憲章」、「ブランドコンセプト」、「成功のコンセプト」、「仕事の進め方」からなる。

たとえば楽天グループの価値観をあらわすブランドコンセプトは次の5つの言葉だ。

大義名分
品性高潔
用意周到
信念不抜
一致団結

ブランドコンセプトを実現するための方法論、それが成功のコンセプトだ。

①常に改善、常に前進
②Professionalism の徹底
③仮説→実行→検証→仕組化
④顧客満足の最大化
⑤スピード!!スピード!!スピード!!

新卒採用、中途採用の際、楽天主義に共感してもらえるかどうかが、僕らの採用の第一条件だ。これは英語を話せることよりも優先されている。

楽天が海外企業を買収する際、その企業が楽天主義を受け入れてくれるかどうかを契約前に必ず確認する。もし受け入れられないなら、買収の契約は成立しないことになる。楽天主義の中に、楽天の経営ビジョン、働き方、情報共有文化が凝縮されているからだ。楽天主義を共有することが僕らのグループの一員になる最大の条件だ。

楽天主義には名札の着用、朝会、掃除といった習慣も含まれる。日本人ならあまり違和感をもたれにくいと思うが、他の国ではどうだろうか。国民性がちがえば、反発の種にもなりかねない。

しかし、僕らは海外のグループ社員にも、これらの行動規範に従うことを求めている。ただし、受け入れてもらえるように懇切丁寧に説明している。名札は楽天グループの一員であるという誇りをあらわす。朝会は情報共有文化の中核だ。掃除は、初心に戻って、今後の成長を自ら誓う貴重な時間だ。

楽天主義というコーポレート・アイデンティティを各国のグループ企業で共有することで、共通の価値観や認識のもと、グローバルで一体感のある、スピーディーな経営が可能になるだろう。

僕は楽天主義の浸透が、グループの強さ、ビジネスのスピードアップ、質の向上につながると考えている。だからこそ海外企業の買収において楽天主義を受け入れてもらえるかどうかが最も重視されるのだ。

こうした「楽天主義」をグローバルに追求しようとすると、やはり英語が必要になってくるのだ。

■インターネット業界はスピードがすべて

楽天が、楽天主義を徹底し、社内公用語を英語に統一しようとしている最大の理由は、結局、僕らがインターネットビジネスという競争スピードの極端に激しい舞台で戦っているからだ。

インターネットビジネスの勢力地図は1〜2年でがらりと塗り変わる。イノベーション！イノベーション！　イノベーション！　と叫びたくなるほど、技術革新のスピードが速い。新しいサービスを常に生みだしつづけない限り、この世界では生き残れないのだ。たとえば2003年に開設されたソーシャルネットワークサービスのMySpaceは一時、世界最大の人気を誇ったものの、今やFacebookに圧倒されてしまっている。

インターネットビジネスの世界では、次々と新興企業が出現しては消える。盤石と思われた企業もあっという間に凋落したかと思えば、生まれたばかりの小さなベンチャーが一気にスターダムにのし上がる。こんな激しい栄枯盛衰が、絶え間なくくり広げられているのだ。

一方、群雄割拠の状態だったインターネットビジネス業界も、次第に集約化されてきている。大きな企業が小さな企業を吸収することで、プレイヤーが一定数に収束しつつあるのだ。そのようなプレイヤーの代表格が、グーグル、アマゾン、イーベイ、アップルといった企業だ。

楽天は、このような強力なプレイヤーと戦っていかなければならない。海外展開を急ぐのはそのためだ。特に、新興国では、より早く進出した者が有利という先行者利益がある。したがってどの企業よりも早く進出しておく必要がある。

「国内で急成長を持続している楽天が、どうして海外進出を急ぐのか?」という質問をしばしば日本では投げかけられる。しかし、インターネットビジネス業界の展開の速さを考えれば、たとえ今、国内では海外進出の必要がないように見えたとしても、先手を打たなければならないのだ。それに、第1章で述べたように、日本のマーケット規模が、将来縮小する可能性を考えれば、いずれ海外に出て行かざるを得ない。

いや、むしろ楽天の海外進出のタイミングは遅かったくらいだ。

日本とちがって、海外のインターネット企業の多くが、グローバル展開を前提にビジネスをはじめる。ローカル企業からグローバル企業になるのではなく、グローバル企業としてスタートするのだ。

日本ではもっぱら「どうして海外進出するのか?」という質問を受けるが、海外での質問は逆。「どうしてこれまで海外進出しなかったのか?」である。海外進出しないことの方が、海外のインターネット業界では不思議なことなのだ。

楽天は日本のローカル企業としてスタートした。今、グローバル企業になろうとしているところだが、はじめからグローバル企業だった海外企業に後れを取っている。

いかに早くグローバル展開を進めるか。それが厳しい競争を勝ち抜く鍵となる。

■英語力の強化は日本の課題

激しいスピードが要求される業界は、インターネットビジネス業界だけではない。製造業も同じだ。

今、あらゆるモノ＝ハードウェアがコモディティ化しつつある。コモディティ化するとは、商品ごとの個性がなくなることを意味する。

消費者にとっては、性能もほぼ同じ、価格もほぼ同じなので、どれを買っても同じだ。製造業にとっては、ハードウェアだけで他の商品と差別化を図ることが難しい状況になっているということだ。

勝敗の分かれ目になるのは、いかにハードウェアとソフトウェアを融合させ、良質なサービスを提供できるかだ。

アップルのiPadやiPhoneが、爆発的に売れたのは、ハードウェアの完成度が高かったからではない。もちろんハードウェアも優れているが、それ以上に優れていたのが、多様なコンテンツ、アプリケーションを取り込みながら発展する、彼らの作った総合的なサービスだ。音楽、ゲーム、本、雑誌、新聞、映画などのコンテンツ、アプリケーションをアップルの経済圏の中で提供するサービスが、消費者にとって魅力的だったのだ。

日本人の持つ基礎技術力は高い。しかし、日本の製造業は、ハードウェアとソフトウェアを結びつけたサービスでは、近年、海外の競合相手の後塵を拝すことが多くなってきた。

iPadやiPhoneに部品は提供できても、付加サービスを生み出せていない。その部品ですら中国や韓国など海外勢と有意差がなくなりつつある。円高で価格の国際競争力も失われつつある。いいモノさえ作れば海外でも売れる時代は終わったのだ。

ハードウェアとソフトウェアの融合したサービスが今後ますます重要になることはまちがいない。

これまでインターネットとは関係がないと思われていたモノ、サービスを作ってきた企業も、今後はインターネット技術を無視するわけにはいかなくなる。あらゆるものがインターネットにつながることになるからだ。

グーグルは、２０１０年から、自動車の自動運転システムの開発に取り組み、すでに32万キロ以上の自動運転に成功している。自動運転の自動車が実現すれば、人間はもうハンドルを握らなくていい。目的地をコンピュータに入力するだけだ。飲酒運転もなくなるだろう。この技術の基盤にあるのが、インターネットだ。

それでは、インターネット技術の最先端の情報をいち早くキャッチするにはどうすればよいか。それは、本書で再三述べているように、英語で直接、ITテクノロジーのニュースを追いかけ、技術論文を読むしかない。翻訳されるのを待っていたら、すぐに時代遅れになってしまうからだ。

しかも本当に新しい情報は文字になっていないことのほうが多い。そういう場合は、一線級のエンジニアに直接聞くしかない。そのエンジニアが日本語を話せないからといって、聞くのをあきらめてよいだろうか。誰よりも早く最先端の情報にアクセスしたいなら、英語によるコミュニケーション能力も必要だ。


かつて日本経済が急成長していた頃、多くの海外企業が日本にアジアの拠点を築いた。しかし今、アジアの拠点は、日本から上海やシンガポールに移りつつある。「ジャパンパッシング」（日本外し）だ。

日本の製造業はこれまで、ある意味、日本語に守られていた。日本語が海外企業の参入障壁の役割を果たしたからだ。海外からは、なかなか日本に入れない一方で、製造業中心の輸出産業では「モノ」が良ければ海外で売れた。

しかしインターネットの普及により、地理的な障壁が取り払われた結果、日本語という壁は、もはや僕らを守ってくれる存在ではなくなったように思える。インターネットは国境のないビジネスなのだ。数年後の日本の人口や世界におけるGDP比を考えれば、日本は否応なく世界に差を広げられていき、世界を相手に商売をしないといけなくなるのに、いまだに「ガラパゴス」に閉じこもってしまっている。

僕らは「ガラパゴス」を脱し、世界を相手にグローバルに商売していかなければならない。ハードウェア、ソフトウェア、サービスを結びつけ、複合的なビジネスをグローバルに展開できるかどうかに日本経済の復活の成否がかかっている。

楽天のような社内公用語英語化までは必要のない企業もあるだろう。僕は楽天のやり方を他の企業に押し付けるつもりはない。ただ、どんなに抗おうとも水は高い方から低い方に流れていく。インターネット、グローバル化、ネット通販、電子書籍もそうだし、英語もそうだ。

欧米企業は最初から英語でアドバンテージがあり、最初からグローバルに展開できる。日本企業にとっては英語を使うことで彼らに対して不利を感じることもあるかもしれない。ただ、不利だからといって日本語で貫き通していても何とかなった時代は終わった。

いまや英語力の強化が必要なのは、楽天のようなインターネットサービス企業だけではないだろう。日本の産業界全体が、英語に正面から向き合い、グローバル化を真剣に考えなければならないときである。

第6章　グローバル化は日本の生命線

■日本人の唯一の欠点

日本人には勤勉さがある。技術力も、デザイン力もある。しかし決定的に欠けているものがある。

グローバルなコミュニケーション能力だ。特に、この能力の重要な要素の一つ、英語力が、日本人には不足している。

もし日本人に英語力があったなら、今日のような経済的な凋落を招くことはなかったと思う。英語を通じて、世界のビジネスの動向に注意を払っていれば、もっと早い段階で、「ものづくり神話」は崩壊するという認識を持つことができたはずだ。

今からでも遅くはない。国家レベルで、国民の英語力の底上げに取り組むべきだ。僕は、実際に楽天の社内公用語英語化に取り組んでみて、ますますその思いを強くしている。

くり返すが、僕は決して、日本語を捨てろとか日本語の教育をやめろと主張しているわけではない。日本語も、日本文化も大切にすべきであることは言うまでもない。

日本語と日本文化を大切にすることと、英語力を鍛えることはちゃんと両立する。それどころか、日本の良さを世界に広める手段として英語力が活用できる。英語力を鍛えることは、日本を大切にすることにつながるのだ。

もし日本人が英語力を身につけ、グローバルなコミュニケーションができるようになれば、日本は世界でも類を見ないほど経済的に強い国になるだろう。日本人が従来から備えている勤勉さ、技術力、デザイン力に、グローバルなコミュニケーション能力が加わるのだから当然だ。

僕は、日本人の潜在能力をもってすれば、必ず英語を使いこなせるようになると思っている。

実際、楽天の中でも、この2年間の英語化準備期間中に、多くの役員や社員が、最初は片言の英語でたどたどしく話していたのが、いつの間にか、なめらかに話すようになっていった。彼らは何か特別な能力を持っていたのではない。むしろ英語に苦手意識を持っていた者たちのほうが多かった。そんな彼らが、なんとかビジネスで通用する英語力を身につけつつある。

それでは、なぜ大半の日本人は、英語を身につけられないままなのだろうか。

英語を勉強していないわけではない。中学、高校、大学で、大ざっぱに見積もって、3500時間は、英語学習に費やしている（第1章参照）。本来、これだけの時間を使えば、英語が話せるようになっているはずだ。だが、現実はそうなっていない。

時間はじゅうぶん費やしているのに、結果はついてきていないということだ。日本の英語教育に何か根本的な誤りがあるからとしか考えられない。

■言語モードの切り替えが大事

日本の英語教育の根本的な誤りとは何か。その一つは、英語教師が英語をしゃべれないことだ。

少なくとも中学校、高校の英語教師はすべて、外国人か、英語がペラペラの日本人と入れ替える必要がある。それだけで日本の英語教育は劇的に良くなる。

授業では、日本語は一切使わず、英語だけを使うべきだ。最初はぎこちないやりとりになるかもしれない。しかし、ジェスチャーを交えて、言いたい内容を伝えることはじゅうぶんできる。手を上げる動作をして、"Raise your hand."と声に出し、何度かくり返せば、"Raise your hand."は「手を上げなさい」ということなんだな、とだんだんわかってくるものだ。まどろっこしいようだが、このやり方のほうが、結局、英会話の習得は早い。

僕は、英会話において最も重要なのは、頭の言語モードを切り替えることだと思う。日本語モードから英語モードへ切り替えるのだ。大人になってから英会話を学ぶときにも、この切り替えを意識すべきだろう。

役員会議の中で、「ここは日本語でもいいですか?」と弱音を吐く役員がいても、僕が決して認めなかったのは、この言語モードの切り替えを徹底するためだった。相手が何か答えるのを待つか、僕が、君の言いたいことはこういう内容のことかと助け船を出す。時間は余計にかかるが、絶対に必要なプロセスだと考えている。

僕は、日本人の英語は下手でいいし、流暢にしゃべれなくてもかまわないと思っている。そもそもネイティブスピーカー並みに話せるはずがないし、話せる必要もない。できないことを恥じることもない。大事なのは、自分の持っているボキャブラリーを使って表現しようとする努力だ。

たとえば、英語で会話中、「発泡水」をあらわす言葉が思い浮かばなかったとしよう。このとき、何としても「発泡水」の正確な英語表現でなければならないと考えて、それを思い出せるまで黙り込んでしまう人がいる。

しかし、たとえ「発泡水」を表す「スパークリング・ウォーター（sparkling water）」あるいは「クラブ・ソーダ（club soda）」といった言葉を知らなくても心配することはない。正確な英語表現でなければならないというような固定観念は捨て去るべきだ。日本語で「発泡水」が思い浮かばなかったときのことを考えてみればいいだろう。「泡が入った水」とか「ぷかぷかした水」のように言い換えパターンをいろいろ試しながら相手に伝えようとするはずだ。英語も同じである。bubbly water とでも言えば、じゅうぶん通じるだろう。

自分の持っているボキャブラリーで伝える姿勢を貫くことが、頭を日本語モードから英語モードへ切り替えるということだ。

言語モードの切り替えに慣れるには、英語しか使えない環境に身を置くしかない。だからこそ英語教師は、英語がペラペラでなければならないのだ。

英語の話せない英語教師には別の科目に移ってもらったほうがいいだろう。彼らを教育し直すのは時間と金のムダだ。

いや、本当は、英語の話せない教師は即刻クビにすべきなのだ。雇用保障があるから解雇は現実には難しいのだろうが、率直に言って、日本の将来を担う子供たちを任された英語教師が、英語をしゃべれなくてもクビにされないなんて、僕には納得できない。

■翻訳するな、コミュニケーションに力を入れよ

日本の英語教育の中心は、英訳と和訳だ。「次の文を英語に訳しなさい」「次の英文を日本語に訳しなさい」といった問題を延々と子供たちに解かせてきた。

言語モードの切り替えをするには、翻訳をやめなければならない。英語を英語のまま理解できるような頭作りが大切だ。僕は、楽天の社員にも、いつも「翻訳するな」と注意している。

僕自身、アメリカに留学する前、リスニング素材を聴きながら、とにかく訳さないことを心がけた。耳に入ってくる英語を、キーボードでパソコンに入力するように、頭の中で英単語をただひたすら並べていく。このとき絶対に日本語に訳さないようにする。そのうちだんだん英語を英語のまま理解できるようになっていった。

翻訳文化の発達のおかげで、日本はこれまで世界中の知識を取り込んできた。しかし、翻訳には一定の時間がかかる。最先端の情報にいち早くアクセスできなければ、競争力を失ってしまう現在のビジネス環境では、翻訳による時間的ギャップは致命的だ。

日本の子供たちがみんな、将来、翻訳家になりたいと思っているわけではないだろう。翻訳作業ばかりの英語教育はやめて、もっと実用的な英語教育にシフトすべきだ。

実用英語にシフトするとは、細かい文法ミスは気にせず、「通じればいい」と割り切って、コミュニケーション能力の習得に力を注げ、ということだ。

前置詞はtoがいいのか、ofがいいのか、atがいいのかといったことにこだわる人がいるが、厳密にここはtoであるべしというように定められた文法規則などない。時代によって文法は変わる。時制や単数複数の使い分けにもこだわる必要はない。

それよりも、ネイティブの英語が少しでも聞き取れる、こちらの話すことも通じるという経験をなるべくたくさん積むことが重要だ。実際に通じれば楽しいし、もっとたくさん聞き取れるようになりたい、もっと話せるようになりたいというモチベーションアップにもつながるからだ。

楽天における英語化のこれまでの過程を振り返ると、社員たちの英語によるコミュニケーション能力は加速度的にアップした。最初は10人中1人しか話せなかったのが、話せるのが3人になり、5人になり、7人になる。話せる人数が増えることで、コミュニケーションの組み合わせの数は幾何級数的に増える。英語を使う機会が増えるので、残りの3人も自然に英語が身についていく。

慣れない英語によるコミュニケーションだから、最初は意思伝達の効率が落ちるのはたしかだ。しかし、途中であきらめなければ、ある時点から急速に全員の能力が上がりはじめる。

とにかく最後まで「やりきる（Get Things Done）」ことがコミュニケーション能力向上の秘訣だ。

■思春期以前バイリンガル化を目指せ

2011年度から小学校5年生、6年生への英語の授業が必修化した。コミュニケーションに重点が置かれているという。その点は評価できるが、僕は子供たちにはもっと早く英語に触れさせるべきだと考えている。

諸説あるので、言語学や脳科学の専門家に任せるところではあるが、僕は思春期以前に、一度、バイリンガルになっておくことに決定的な意味があると考えている。いわゆる臨界期仮説だ。

思春期以前とは、男の子で言えば声変わり前、女の子で言えば月経がはじまる前である。それまでに一度、バイリンガルになった人と、思春期以降、外国語を学習してバイリンガルになった人の間には大きなちがいがあると言われる。

思春期以前にバイリンガルになった人は、仮に事故や病気などで失語症になったとしても、使えなくなるのは、二言語のうち片方だけの場合があるという。英語は話せるのに、日本語だけ話せなくなったり、日本語は話せるのに、英語は話せなくなったりするのだ。

一方、思春期以降、大人になってからバイリンガルになった人が失語症になると二言語とも話せなくなるという。

思春期以降バイリンガルの人は、二言語を脳の同じ場所で処理しているのに対して、思春期以前バイリンガルの人は、二言語それぞれを脳の異なる場所で処理しているという脳科学の研究もある。思春期以前バイリンガルの人の脳では、英語をしゃべるときと日本語をしゃべるときとで、反応する脳の場所がちがうというのだ。

思春期以前にバイリンガルになるということは、コンピュータ用語で言うとデュアルCPU（2つの中央演算処理装置）を持つようなイメージだ。

したがって、もし子供に日本語と英語を、本当の意味で習得させたいなら、声変わりや月経がちょうどはじまる時期である小学校高学年になってから英語に触れさせても遅すぎるかもしれない。

幼いうちに、英語を学ぶと、日本語の習得や思考能力に悪影響があると心配する人がいる。幼少期に2つの言語を学習することにより、母語と二言語目の両方とも中途半端な「セミリンガル」になってしまうという議論だが、これは教育環境や方法にも依るのではないだろうか。幼い頃から二言語以上を学ぶ国は、インドや東南アジア、ヨーロッパなどほかにも多くあるが、彼らを見てもバイリンガル教育が母語の習得や思考能力に悪影響を与えているとは思えない。インド人は生まれたときから三言語ぐらい学んでいるので、一説では脳が階層状に成長し、物事を多面的に置き換えて話すのが得意なのだという。

実用的で効果的な英語教育に変えれば、日本語の勉強時間を減らさずに、子供に英語教育を施すことはじゅうぶん可能だ。

マレーシア出身で、楽天に勤めている、あるエンジニアの意見を紹介しよう。

「マレーシアは多民族国家なので、さまざまな国の言語が日常的に飛び交っています。私の家では4人兄弟みんな日常言語がちがいます。マレーシアでは教育の形式を選択できるので、兄は英語、私は中国語での教育を受けました。そのため、家族が食卓に集まって会話するときは、さまざまな言語が入り交じっているのです。こうした光景はマレーシアでは珍しくありません。

マレーシアでは一人で2ヵ国語以上話すのが当たり前です。商売をするためには、お客様が使う言語を理解しなければならないので、1ヵ国語しか話せない人は雇ってもらえません」

■受験英語はすべてTOEFLにせよ

2012年1月、東京大学が、5年後をめどに現行の春入学から秋入学へ移行したいという考えを表明した。欧米の大学で一般的な秋入学を導入することで、海外の優秀な学生を取り込みたいからだ。

東大の発表後、他にも秋入学を検討しはじめた大学が次々とあらわれた。大学のグローバル化という点で、僕は、この流れに賛成だ。

しかしそれよりも前にすべきことがある。大学受験英語の改革だ。受験英語をTOEFL、あるいはTOEFLそのものでないにせよ、それになるべく近い形の試験にすべきだ。

TOEFLは、英語圏の大学への留学を希望する人が受ける英語力判定試験だ。リーディング、リスニング、スピーキング、ライティングの4部から構成され、2005年から試験の全過程がコンピュータを使って実施されるようになった（TOEFL iBTと呼ばれる。iBTはInternet-Based Testingの略）。満点は120点。ハーバード・ビジネス・スクールの場合、109点以上が出願の条件として受験者に課されている。

現在の受験英語は、日本にしか存在しない特殊な英語だ。英語を学ぶ本来の目的は、英語圏で通用する英語を身につけることであるはずだ。だったら最初から、そうすべきだ。日本にしかない英語の勉強に時間を費やすのはムダでしかない。

そもそも日本人がつくった英語の教材がベストとは限らない。世界に目を向ければ、日本で使われている英語教材より優れた教材があるかもしれない。もっと進んだ教材が他の国にあれば、積極的に利用していくべきだ。

同じことは英語以外の教材にも当てはまる。日本語で書かれた教材が世界でいちばん優れているのかどうか検討してみてはどうだろうか。

特に、最先端の知識は、インターネット技術以外の分野でも、英語でしか得られない場合が多い。英語の専門書が翻訳されるのを待っていては、研究の最前線から脱落してしまうのだ。そうならないためにも教育そのもののグローバル化が必要だ。

■言語鎖国をやめよ

どうして日本はムダな英語教育ばかりしてきたのだろうか。

僕は、日本政府が意図的に「言語鎖国」政策をとってきたのではないかと考えている。

言語鎖国とは、国家が国民の使用言語を母語に制限し、外国語の使用を禁じて、国民を言語的に閉ざされた状態に置くことだ。もちろん日本で現実に、外国語の使用が禁じられているわけではない。しかし、英語教育の現状を見ると、むしろ英語を使えなくなるような教育をしているとしか思えないのだ。

なぜ言語鎖国をするかと言えば、日本文化を守るため、日本の社会秩序を守るためなどいろいろな理由が考えられる。

経済的な理由もあるだろう。日本人が英語を自由自在に操るようになって言語的に開かれた状態になると、外国人がどんどん日本のマーケットに参入してくるだろう。そうなると日本独自の基準は国際標準に取って代わられることになる。「それは困る」と、数多くの企業が反発するはずだ。

また、言語を一つに絞ることによって、マスメディアをコントロールしやすくなり、世論も誘導しやすくなる。海外からの情報収集、外国人とのコミュニケーションを通じて、多様な意見が形成される可能性を、ある程度封じることができるからだ。

インドネシアは、1967年にスハルトが大統領に就任して、言語鎖国政策を推し進めた。1990年代後半に僕がインドネシアに行ったときは、誰も英語を話せなかった。ところが1998年、スハルト体制の終焉とともに、インドネシアの言語環境は様変わりした。隣国のマレーシア、シンガポールの経済的台頭を目の当たりにして、このまま言語鎖国をつづけていたらインドネシアの未来は危ないと気づいたのだ。

以来、インドネシアは国家をあげて、英語教育の改善に取り組んでいる。最近、僕はインドネシアを訪問した。驚いたことにタクシー運転手も英語がペラペラだった。

インドネシアだけではない。伝統的に母語を保護する政策に力を入れてきたフランスを含め、今、ヨーロッパ各国が、以前は中学校から教えるのが普通だった英語を小学1年から教えるようになっている。

6つの言語を公用語と定め、多言語主義を重視してきた国連の国際会議においても、効率性から最終文書以外の途中段階で作成される実務的な文書は英語だけになってきているという。

科学技術分野や医学、薬学の分野では英語はすでに公用語である。財務・経理の世界でも今後IFRS（国際財務報告基準）が導入され、英語を使わざるを得なくなる。ビジネスの世界においては、なおさらである。

積極的な英語教育政策を進めた国で、今、問題になっているのは、ランゲージデバイド（言語格差）だ。たとえば韓国では今、40代までは英語のできるビジネスパーソンが多いが、50代以上になるとできない人のほうが多い。

パソコンやインターネットを使いこなせる人と使いこなせない人の間にある待遇や機会の差として、デジタルデバイド（情報格差）が知られているが、英語を話せる人と話せない人の間にも似たような格差が生まれつつあるのだ。

もし今後日本でも英語教育の見直しが進めば、韓国と同じようなランゲージデバイドが社会問題としてクローズアップされるようになるかもしれない。しかし、それを恐れてはならない。むしろ格差が生まれないように、今のうちから英語を学べばいいのではないだろうか。楽天の50代以上のおじさんたちも苦労しつつ、何とか英語をものにしつつある。

僕たちは、デジタルデバイドとともにランゲージデバイドを乗りこえていかなければならない。日本は言語鎖国をやめ、言語開国すべきだ。

■英語化のノウハウはオープンに

現在、楽天は完全に英語化に成功したわけではない。まだまだ苦労している者たちが何人もいる。しかし、完全英語化への道筋が見えてきたとも感じている。

楽天が社内公用語の英語化に成功した暁には、そのノウハウをすべてオープンにするつもりだ。たとえ競合企業に対してでも、相手が望むなら、どうすれば英語化できるのか、出し惜しみせずにお伝えしたいと思っている。

採用条件に英語を課されたわけでもない7000人以上の日本の会社員が一斉に英語に取り組んだのだ。しかも日本のグローバル企業が15〜20年かけてやってきたようなことを2年でやろうとしている。こんな例は日本史上はじめてである。

しかも僕らは徹底的なKPI管理をした。つまり、社員の英語の習得状況や社内での英語化の進捗具合を、徹底的に数値管理したのだ。TOEICスコアだけではない。これからはスピーキングの検定試験をも通して、社員の英語力の向上を図っていくとともに、数値管理もつづけていく。

社員がどんなテキストを使ったのか、どこの英語学校に通ったのか、あるいはどんなeラーニングを利用したのか、どんな（スマートフォンなどの）アプリを利用したのかに関するデータもたまりつつある。

つまり、僕らの手には英語学習に関する膨大な数のサンプルがある。

この膨大なサンプルから、英語レベルがどの程度なら、どんな教材が合っているのか、あるいは本当にビジネスに役立つ英語はどうすれば習得できるのかといったノウハウが引き出せるだろう。TOEICの実用性もたしかめられるかもしれない。

僕らは、社内公用語英語化という、ある種のミクロ社会実験を行いつつあるわけだ。英語化プロジェクトの中で、うまくいった施策もあれば、失敗した施策もある。試行錯誤をくり返しつつ、今も実験はつづいている。

楽天の社内公用語英語化の取り組みは、まさに、楽天主義でも掲げる「仮説→実行→検証→仕組化」や「常に改善、常に前進」といったものの実践でもあった。仮説を立て、あるべき目標に達するために、いま何をする必要があるかを因数分解していく。それを一つずつ実践・検証し、時には改善を加え、仕組化していく。こうすることで目標への差分を着実に縮めていくことができるのだ。

この実験から得られたデータを検証することで、効率的な英語学習のノウハウが見えてくるだろう。僕らはそのノウハウを仕組化し、日本全体で共有したい。

僕は、このようなノウハウを楽天が独占するのはよくないと考えている。楽天だけが特殊な会社であるという状態が長くつづくのはよくないとも考えている。

日本人が英語によるコミュニケーション能力を身につければ、日本の競争力は格段にアップする。そうすれば日本の景気もよくなる。回り回って、楽天の売上も伸びるだろう。

■僕の究極のゴール

もし、楽天を創業の1日目から英語化していたら、今の楽天はどうなっていただろうか。そんな疑問が頭をよぎることがある。

おそらく海外企業の買収は今よりもっと早く、もっとスムーズに進んでいただろう。グローバル化もずっと前に実現していたはずだ。

しかし、時計の針は戻せない。僕らは前を向いて進んでいかなければならない。

おそらく5年後、あるいは10年後、「あのとき英語化していて本当によかった」と、僕らはきっと思うはずだ。国内マーケットだけを相手にビジネスをするのか、世界のマーケットを見てビジネスをするのか。それによって結果はまったくちがってくるからだ。

これから新しく生まれるベンチャーは、1日目からグローバル化を考えるようになるかもしれない。

僕は是非そうであってほしいと思う。

小さい組織ほど、小回りが利く。起業したばかりの経営者は、会社の規模が小さいうちに、社内公用語を英語化し、グローバル化に備えておくべきだろう。年齢も若ければ若いほど有利だ。

逆に、組織が大きくなると、変わることは難しくなる。大企業で社内公用語英語化というような大胆な改革を実行するには、経営トップの強い決断力が必要になる。

しかし、日本の産業界の衰退を防ぐには、今ここで、本気で英語に向き合い、グローバル化へ舵を切るしかない。

楽天が英語化に成功すれば、日本の経営学に革命をもたらすのではないか。大げさかもしれないが、僕はそう思っている。

僕は、日本人でも英語ができること、そしてサービス業においても日本企業は世界で通用するということを証明したいと思っている。

野茂英雄がメジャーリーグに移籍するまで、日本の野球選手はメジャーでは通用しないと思われていた。その後、ピッチャーは通用するとしても、野手は無理だとされた。その通念を打ち崩したのが、イチローや松井秀喜だった。

結局は、楽天が実際に世界で成功しなければ、世間の人は、グローバル化が正しい道であることを納得してくれないと思う。

既成事実を積み重ねることでしか、世の中を変えていくことはできないのだ。

グローバル化した楽天が世界で成功を収めること。日本人の意識が変わり、日本の英語教育が変わること。そうして日本人の競争力が上がり、日本が繁栄すること。

それが、僕の究極のゴールだ。

おわりに

「楽天イーグルスは英語化するんですか？」

質問されることが多いので、ここで答えておきたい。選手および球団スタッフに関しては、英語化の対象外だ。

しかし、球団スタッフが英語を話せれば、外国人選手を獲得するためのネットワーク作りに役立つのはもちろん、メジャーリーグの何らかのメソッドをイーグルスに導入する際にも円滑に進めることができるので、推奨はしたい。

球団スタッフだけでなく日本人選手も英語化しておけば、獲得候補の外国人選手も、通訳の要らない、あのチームに入りたいと思ってくれるかもしれない。

日本人選手にとっては、楽天に入れば英語を覚えられて、メジャーリーグに行きやすくなるというメリットもある。まあ、これは冗談としても、僕は、日本のプロ野球はアジアにマーケットを広げるべきだとまじめに考えている。アジアリーグができれば、選手たちの共通語として英語が選択される可能性はじゅうぶんある。

僕の得意技は、大胆な仮説を立て、実行に移すことだ。もちろん失敗もある。「テレビ業界を変革できる」という仮説は、残念ながら、失敗してしまった。とはいえ、あの失敗は、外部的な要因による失敗だった。

「社内公用語を日本語から英語に移行できる」というのも、我ながら大胆な仮説だと思う。だが、ＴＢＳの買収案件と異なり、英語化プロジェクトに外部的な要因は一切入ってこない。つまり、外部から、「愚かだ」「バカげている」など、いくら言われようと関係ないのだ。

しかし、楽天の英語化宣言は、国民の間に大きな議論を巻き起こした。賛否両論さまざまだが、議論が起こること自体、すばらしいことだと思う。

日本の経済にとって英語の持つ意味、日本の将来とグローバル化のあり方について、あらためて考える材料として、本書が役に立ってくれれば幸いである。

２０１０年5月に英語化プロジェクトを本格的にはじめるとともに、僕は中国語の勉強をはじめた。

「三木谷は最初から英語ができるから社内公用語を英語化しようと言っているんだ」と社員たちに思われないためでもあったが、これからのグローバルビジネスには、ある程度、中国語も必要と考えているからでもあった。

僕の中国語は、今はまだ幼稚園児レベルだ。しかし、そのレベルでも、かなり役に立っている。中国人に中国語で話ができるだけで、相手の反応はこれまでとまったくちがうからだ。もちろん中国語で話しかけたときのほうが、よい印象を与えることができる。

中国語の学習は、僕の脳にも大きな刺激を与えている。年をとってくると、新しいことを覚えるチャンスが減ってくるものだ。脳のトレーニングとしても効果がある。

僕の頭の中には、社内公用語英語化の次のプロジェクトがちゃんとある。英語の次に覚えるべき言語だ。中国語？　いや、そうではない。プログラミング言語だ。

ｅコマースなどでロイヤルティや報酬に関するソリューションを提供する楽天グループの米フリーコーズ社の役員に、英語の次はプログラミング言語を社員たちに学ばせるつもりだと話したところ、大いに賛同してくれた。当たり前だが彼らはすでに英語は話せるので、早速、社員全員に、プログラミング言語を勉強させはじめた。

彼らは、楽天のEnglishnizationに引っかけて、このプロジェクトにCodenizationと名付けた。社内公用語の英語化ならぬコード化である。

Codenizationなんて突拍子もないと思われるだろうか。

もちろんプログラミング言語で会話しようというわけではない。しかし、業務のあらゆる場面で、プログラミングが役に立つことは容易に想像できるはずだ。そして社員全員、プログラミングのできる企業が、大きな競争力を持つことも間違いない。

世界有数の金融情報配信会社ブルームバーグ社の創設者で、現在ニューヨーク市長のマイケル・ブルームバーグ氏は、2012年1月、「今年はプログラミングを勉強する」という新年の誓いを立てた。

ニューヨークは将来、金融の中心地としてだけでは経済的に立ちゆかなくなる。もっとIT企業を誘致していく必要がある。そのためにブルームバーグ市長は、プログラミングを勉強するというわけだ。

僕らも用意周到に将来の準備を進めていかなければならない。社内公用語英語化は、そのはじめの一歩にすぎない。

編集協力　緑慎也

三木谷浩史（みきたに・ひろし）
1965年神戸市生まれ。88年一橋大学卒業後、日本興業銀行に入行。93年ハーバード大学にてMBA取得。興銀を退職後、96年クリムゾングループを設立。97年2月エム・ディー・エム（現・楽天）設立、代表取締役就任。同年5月インターネット・ショッピングモール「楽天市場」を開設。2000年には日本証券業協会へ株式を店頭登録（ジャスダック上場）。04年にJリーグ・ヴィッセル神戸のオーナーに就任。同年、50年ぶりの新規球団（東北楽天ゴールデンイーグルス）誕生となるプロ野球界にも参入。11年より東京フィルハーモニー交響楽団理事長も務める。現在、楽天株式会社代表取締役会長兼社長。楽天グループは、eコマース、電子書籍、トラベル、銀行、証券、クレジットカード、電子マネー、ポータル＆メディア、オンラインマーケティング、プロスポーツといった多岐にわたる分野でサービスを展開。eコマース分野では、アジア、欧州、北米、南米に進出。社員およびスタッフは全世界で1万人を超える。

たかが英語《えいご》！

2012年7月1日　第1刷発行

著者――三木谷浩史《みきたにひろし》

発行者――鈴木　哲

発行所――株式会社講談社

東京都文京区音羽2－12－21　郵便番号112－8001

☎東京03－5395－3522（出版部）03－5395－3622（販売部）03－5395－3615（業務部）

印刷所――凸版印刷株式会社

製本所――株式会社国宝社

定価はカバーに表示してあります。

ISBN978-4-06-217763-4　　N.D.C.916　190p　19cm